# 이스라엘의 언약과 구원

구약과 신약을 관통하여
신앙의 핵심을 꿰뚫어 보는
관점이 열린다.

이갑동 지음

쿰란출판사

이스라엘의
# 언약과
# 구원

## 서문

    단편적인 생각과 글들을 정리하여 책으로 출간하면서, 어릴 때부터 지금까지의 신앙 여정을 되새겨 본다. 어머니의 태중에서부터 교회에 출석해서 자연스럽게 신앙을 받아들였지만, 나의 신앙 여정은 뜨거워지기도 차가워지기도 하면서 내면적으로 격변을 겪었다.

    나의 아버지는 장로이셨지만 작은 시골 교회를 맡아서 전도사로서 사역하셨다. 내가 어릴 때 주기철 목사, 손양원 목사, 안이숙 여사 등에 관한 책을 읽고 나에게 전해 주시곤 하셨다. 또한 천당 윷놀이와 성경 퀴즈 게임을 만들어서 우리 집이나 교회에 오시는 분들과 함께 즐기셨다. 그러면서 우리의 성경 지식은 점점 더 쌓여 갔다. 서울 어느 큰 교회에서 여름성경학교 봉사팀이 우리 교회에 온 적이 있다. 초·중등 학생으로 구성된 우리팀과 봉사 온 교사팀이 성경 퀴즈 게임을 해서 우리가 이기기도 할 정도였다.

    나는 초등학교 4학년 때 평일에 홀로 교회에서 회개기도를 하면서 응답을 받았는데 천국을 걸어가는 느낌이었다. 5학년 때부터 어른 예배(주일 오전·저녁, 수요일)에도 빠짐없이 참석했다. 중학생 시절에 친구들과 교회에서 철야기도 하다가 방언을 받았다. 고등학교 때는 수요예배에서 로마서 8장 강해 설교를 듣는 중에 구원의 확신을 체험했다. 세상이 개벽되는 체험이었다. 대학에 갈 때까지 성경을 20독 할 수 있었다.

고등학교를 졸업하고 대학에 입학하기까지 철도 공무원 생활 4년 동안 놀라운 영적 은혜를 체험했다. 그중에 하나는 '진리가 너희를 자유롭게 하리라'는 말씀이 깨달아지면서 복음과 율법의 관계도 우선 체험적으로 깨닫게 된 것이었다.

20대 초반까지 평생 들어야 할 분량의 설교를 들었고, 평생 체험해야 할 수 있는 분량의 은혜를 체험한 것만 같았다.

그러나 목회를 하기 위해 대학에서 철학을 공부한 것이 나에게 큰 타격을 주었다. 철학의 논리에 당해 내지 못했다. 내가 확신하고 있는 것이 과연 확실한 것인가 혼란이 왔다. 나의 외면적인 신앙생활은 변함없이 지속되었지만 내면적으로는 그러지 못했다. 심할 때는 거꾸로 된 중생을 경험하기도 했다.

나의 마음 한쪽에는 구원받은 사람이라는 확신이 여전히 자리잡고 있었다. 하지만 영적으로 완전히 회복되지는 않아 차마 신학교에 들어갈 수 없어 계속해서 철학을 공부했다. 철학을 통해 하나님께 영광을 돌릴 수 있는 길이 있다고 타협적으로 생각했기 때문이다. 그렇지만 하나님은 나에게 깨달음과 변화를 주셔서 신학을 하게 하셨다. 감사하게도 이전보다 더욱 말씀으로 무장된 상태가 되었다. 철학은 더 이상 방해가 되지 않고 오히려 철학적 통찰력과 논리력이 도움이 되었다.

이 책 속에는 나의 어릴 때부터의 신앙이 알게 모르게 배어 있다. 그러한 신앙 훈련 과정을 거치면서 성경을 단순히 해석하는 것이 아니라 해석을 되새김질하는 힘이 조금 생긴 것 같다. 이 책의 새로운 내용들은 이러한 과정을 기반으로 나온 것들이다.

독자분들께서 이러한 배경을 알고 있으면 책을 읽으시는 데 조금이나마 도움이 될 것 같아서, 송구하지만 나의 신앙 여정을 간략하게 기록했다.

목회자 독서 모임의 회원들께 감사드리며, 특히 좌장 역할을 하시는 권혁재 목사님께 감사드린다. 나의 토론 내용을 글로 쓰기를 제안하셨고, 원고를 작성하는 과정에서도 교리적인 교정 등에 많은 도움을 주셨다.

하나님 나라 사역 비전을 품고 새로운 출발에 함께 하신 온세대 교회 교우들께 감사드린다. 이 책 내용의 원리를 삶에 적용하려는 분들이나. 또한 그동안 나의 목회 과정에서 만났던 모든 교인들께 송구한 마음으로 감사드린다.

쿰란출판사 대표이신 이형규 장로님께 감사드린다. 원고를 보시는 즉시 구속사적으로 잘 정리된 글이라는 격려 말씀에 나는 감사하는 마음으로 두말없이 출판을 맡겨 드렸다.

나의 작은 글의 내용이 많은 분들의 신앙생활에 조금이나마 보탬이 되기를 바라는 마음이 간절하다.

2024년 10월, 종교개혁주일을 바라보면서
이갑동

서문 • 4

# 시작하는 말

(1) 바울의 남은 자 _15
(2) 남은 자에 대한 칼빈의 해석 _20
(3) 신구약 전환기의 이스라엘 교회 _23
(4) 남은 자의 정체성 _25
(5) 문제 제기 _28
(6) 문제를 풀기 위한 대전제 _29
(7) 핵심 내용 안내 _30
(8) 접근 방식 _32

## 첫 번째 무대 구약의 이스라엘과 율법

### 제1장 시내 산 언약과 십계명 _35

(1) 시내 산 언약 _35
(2) 언약궤 _40
(3) 십계명의 역할 _43
(4) 계명의 단계 _49
 ① 단계별 점수 환산 _49
 ② 율법의 완성 _53
 ③ 타락의 기준 _56

　　　　(5) 하나님의 경고 _57
　　　　　　① 탈락의 근거 _59
　　　　　　② 회개의 기회 _62

제2장 **모압 언약과 쉐마 공식** _66

　　　(1) 심판 군대 _66
　　　(2) 모압 언약의 특징 _71
　　　(3) 쉐마 공식 _74
　　　　　① 쉐마 공식 4단계 _75
　　　　　② 지혜와 지식 _85

제3장 **지켜 행하라** _88

　　　(1) 지킴의 의미 _88
　　　(2) 지킴의 중요성 _91
　　　(3) 인격적인 관계 _93
　　　(4) 말씀 체험 신앙 _94
　　　(5) 온 맘으로 사랑하는 길 _96

제4장 **할례** _99

제5장 **율법의 복음 기능** _104

제6장 **새 언약** _112

　　　(1) 새 언약의 의미 _112
　　　(2) 예레미야 새 언약 _114
　　　(3) 에스겔 새 언약 _115
　　　(4) 새 언약의 목적 _116
　　　(5) 구약에서 새 언약 실천 _119

제7장 구약의 외식주의 _123

제8장 다윗의 사례 _128
    (1) 다윗의 성령 감동 _128
    (2) 다윗의 믿음 원리 _130
    (3) 다윗의 하나님 사랑 _133
    (4) 솔로몬에게 신앙 전수 _137
    (5) 다윗과 쉐마 공식 _139

## 두 번째 무대 신약의 이방인과 복음

제9장 때가 차매 _143

제10장 복음의 등장 _151

제11장 신약에서 복음과 율법 _154

제12장 예루살렘 교회와 안디옥 교회 _159

제13장 바리새인의 율법 문제 _165
    (1) 율법의 행위 _165
    (2) 바리새인과 쉐마 공식 _171
    (3) 사람의 전통 _173
    (4) 말씀 맡음 _176
    (5) 바리새인의 외식주의 _179

제14장 예수님의 마음 강조 _182
    (1) 산상수훈 _182
    (2) 씨 뿌리는 비유 _184
    (3) 제자들의 말씀 체험 _186
    (4) 바울의 경우 _188

제15장 믿음의 행위 _190

제16장 구원을 이루는 원리 _195

제17장 행위 언약과 은혜 언약 _200

제18장 하나님의 절대주권과 인간의 자유의지 _205

    (1) 자유의지의 의미 _205
    (2) 절대주권과 자유의지의 조화 _212
    (3) 예정론과 운명론 _217
    (4) 예정의 적용 _220
    (5) 예정의 오용 223

제19장 원칙과 현실 _228

    (1) 원칙과 현실의 주요 영역 _228
    (2) 원칙과 현실의 적용 사례 _235
    (3) 관점의 차이 _243

## 마무리하는 말

    (1) 율법의 역할 _246
    (2) 구약의 복음 _246
    (3) 율법을 지키라 _246
    (4) 율법 지키는 원리 _247
    (5) 신약의 복음 _247
    (6) 복음을 믿으라 _248
    (7) 믿음으로 남은 자 _248
    (8) 이스라엘아 들으라 _249
        ① 신앙의 핵심 _249
        ② 구원을 향하여 깨어 있는 신앙 _251
        ③ 하나님과 동행 _253

시작하는
말

본 글의 여정은 바울이 로마서에 기록한 '남은 자'로부터 시작된다. 바울은 당시 유대 그리스도인들을 소수의 남은 자라고 칭했다. 전체 이스라엘 백성들 중에서 매우 적은 숫자만이 예수님을 믿었다는 뜻이다.

이스라엘 백성은 하나님과 언약을 맺은 사람들이다. 그들의 조상 아브라함 때에 하나님과 아브라함 사이에 언약을 맺었고, 또한 이스라엘 백성 자신들 모두가 출애굽 후 시내 산에서 하나님과 언약을 맺었다.

하나님은 언약을 맺은 이스라엘 백성에게 율법을 주셨다. 율법을 지킬 수 있는 방법도 알려 주셨다. 이스라엘 백성은 율법을 지키면 하나님의 언약 백성으로서 살아갈 수 있게 되었다.

그러나 언약을 맺고 약 1,500년이라는 세월이 흘러 신약 바울 시대에 이르렀을 때 대다수 이스라엘 백성들이 하나님의 언약 백성에서 탈락했다. 심지어 그들은 하나님의 아들이신 예수님을 믿지 않았다. 오히려 예수님께 신성모독죄를 덮씌워 십자가에 못 박아 죽이기까지 했다.

전체 이스라엘 백성 중에서 다수가 하나님의 언약 백성에서 탈락하고, 소수의 사람들만이 예수님을 믿고 구원을 받았다.

도대체 1,500년 동안에 아브라함의 후손인 이스라엘 백성에게 무슨 일이 발생한 것인가? 하나님의 언약 백성이라고 자부하던 그들에게 무슨 문제가 있었던 것인가? 언제부터 무엇에 문제가 발생한 것인가?

이러한 궁금증을 품고 해답을 찾기 위해 성경 속으로 들어가서 아브라함 때부터 바울의 시대까지 구약과 신약의 구절구절을 샅샅이 살펴보았다. 해답을 찾는 과정 중에 새로운 내용들이 발견되면서 자연스럽게 결론이 나온다.

### (1) 바울의 남은 자

구약의 황혼과 신약의 여명이 교차하는 시대에 살아간 유대인들 중에 예수님을 믿은 사람들, 즉 유대 그리스도인들을 바울은 '남은 자'리고 칭한다.

> **로마서 11:1-5** 그러므로 내가 말하노니 하나님이 자기 백성을 버리셨느냐 그럴 수 없느니라 나도 이스라엘인이요 아브라함의 씨에서 난 자요 베냐민 지파라 하나님이 그 미리 아신 자기 백성을 버리지 아니하셨나니 너희가 성경이 엘리야를 가리켜 말한 것을 알지 못하느냐 그가 이스라엘을 하나님께 고발하되 주여 그들이 주의 선지자들을 죽였으며 주의 제단들을 헐어 버렸고 나만 남았는데 내 목숨도 찾나이다 하니 그에게 하신 대답이 무엇이냐 내가 나를 위하여 바알에게 무릎을 꿇지 아니한 사람 칠천 명을 남겨두었다 하셨으니 그런즉 이와 같이 지금도 은혜로 택하심을 따라 남은 자가 있느니라

바울은 당시 이스라엘 백성 중에 소수의 남은 자가 있다고 말한다. 여기서 남은 자는 예수님을 믿고 구원 받은 자를 뜻한다. 전체 유대인들 중에 소수의 유대인들만이 구원을 받았다. 이것은 이스라

엘 백성 중에 대부분은 구원 받지 못했다는 것을 의미한다.

바울은 자기와 같은 민족인 이스라엘 백성 중에 많은 사람들이 구원 받지 못한 것에 대해 안타까움을 드러내면서 애타는 마음으로 간구한다.

**로마서 10:1** 형제들아 내 마음에 원하는 바와 하나님께 구하는 바는 이스라엘을 위함이니 곧 그들로 구원을 받게 함이라

로마서에 기록된 남은 자에 관해서는 이미 구약 신명기에 모압 언약을 체결하기 직전부터 경고하고 있다.

**신명기 28:58, 62** 네가 만일 이 책에 기록한 이 율법의 모든 말씀을 지켜 행하지 아니하고 네 하나님 여호와라 하는 영화롭고 두려운 이름을 경외하지 아니하면…너희가 하늘의 별같이 많을지라도 네 하나님 여호와의 말씀을 청종하지 아니하므로 남는 자가 얼마 되지 못할 것이라

요엘서에서도 남은 자에 관해 예언하고 있다.

**요엘 2:28-32** 그 후에 내가 내 영을 만민에게 부어 주리니 너희 자녀들이 장래 일을 말할 것이며 너희 늙은이는 꿈을 꾸며 너희 젊은이는 이상을 볼 것이며 그때에 내가 또 내 영을 남종과 여종에게 부어 줄 것이며 내가 이적을 하늘과 땅에 베풀리니 곧 피와 불과 연기 기둥이라 여호와의 크고 두려운 날이 이르기 전에 해가 어두워지

고 달이 핏빛같이 변하려니와 누구든지 여호와의 이름을 부르는 자는 구원을 얻으리니 이는 나 여호와의 말대로 시온 산과 예루살렘에서 피할 자가 있을 것임이요 남은 자 중에 나 여호와의 부름을 받을 자가 있을 것임이니라

베드로는 오순절 성령 강림 직후에 요엘서의 예언이 오순절 성령 강림 당시에 이루어졌다고 설교했다. 따라서 요엘서의 남은 자에 관한 예언도 오순절 성령 강림 때에 이루어졌다.

'남은 자'라는 말에는 두 가지의 의미가 포함되어 있다고 하겠다.
첫째, 남은 자는 다수가 아니라 소수라는 의미다.

당시 유대 그리스도인의 남은 자의 숫자가 많다 또는 적다라고 하는 것은 관점에 따라 다를 수 있다. 예수님을 따라다닌 무리 중에 믿은 자들이나 예루살렘 교회 교인들 또는 디아스포라 유대인 중에 믿은 자들이 많았다고 생각할 수 있다. 그러나 이스라엘의 언약의 관점에서 보면 이스라엘 백성 전체가 언약을 맺었는데, 그것과 비교하면 예수 믿고 구원 받은 자는 소수의 남은 자에 불과하다.

둘째, 남은 자는 역할의 문제와도 관련된다.

바울이 당시 유대 그리스도인들을 남은 자라고 칭한 것은 단지 유대 그리스도인들의 적은 숫자 때문만이 아니라, 그들이 무슨 역할을 했는지에 관한 것과도 관련이 있다. 하나님이 유대인들에게 주신

역할이 무엇인지는 아브라함 시대로까지 거슬러 올라가 보면 알 수 있다. 창세기 12장에서 하나님은 이스라엘 백성의 조상인 아브라함에게 모든 민족에게 복음을 전하는 사명을 주셨다.

> **창세기 12:1-3** 여호와께서 아브람에게 이르시되 너는 너의 고향과 친척과 아버지의 집을 떠나 내가 네게 보여 줄 땅으로 가라 내가 너로 큰 민족을 이루고 네게 복을 주어 네 이름을 창대하게 하리니 너는 복이 될지라 너를 축복하는 자에게는 내가 복을 내리고 너를 저주하는 자에게는 내가 저주하리니 땅의 모든 족속이 너로 말미암아 복을 얻을 것이라 하신지라

하나님은 아브라함을 그의 고향 갈대아 우르로부터 불러내시어 가나안 땅에 오게 하셨다. 하나님은 아브라함에게 크게 세 가지 복을 약속하신다. 첫째, 땅에 대한 복이다. 가나안 땅을 주시겠다는 것이다. 둘째, 자손에 대한 복이다. 아브라함의 자손이 큰 민족을 이루게 하시겠다는 것이다. 셋째, 모든 민족이 아브라함을 통해 하나님을 믿게 된다는 복이다.

세 번째 항목은 아브라함의 후손인 이스라엘 민족의 축복이며 동시에 사명이다. 이스라엘 민족을 통해 모든 민족이 하나님의 백성이 되게 하시겠다는 것이다.

이 사명을 감당하기 위해서는 우선 이스라엘 민족이 하나님의 백성으로서 굳건하게 세워져야 했다. 그렇게 하기 위해서 하나님은 아브라함

을 선택하시고 먼저 믿음의 모범을 보이도록 오랜 세월 동안 훈련을 시키셨다. 아브라함은 단순히 혈통적 조상만이 아니라, 믿음의 조상이다.

그리고 하나님은 아브라함에게 부탁하시기를, 그의 후손들에게 하나님의 말씀을 잘 지켜 행하게 하라고 하셨다. 이스라엘 민족이 말씀을 잘 지켜 행할 때 그들은 하나님이 주신 세계 선교 사명을 감당할 수 있게 되기 때문이다.

**창세기 18:19** 내가 그로 그 자식과 권속에게 명하여 여호와의 도를 시켜 의와 공도를 행하게 하려고 그를 택하였나니 이는 나 여호와가 아브라함에게 대하여 말한 일을 이루려 함이니라

이 구절에 나오는 권면, 즉 아브라함의 가정과 가문에서 이루어지는 수직 전도 명령을 대를 이어 올바로 수행할 때 그의 후손 이스라엘 민족은 이방 세계의 모든 민족에게 복음을 전하는 사명을 감당할 수 있는 믿음과 능력을 갖출 수 있게 되는 것이었다. 이스라엘 민족은 이러한 사명을 수행하기 위해 하나님으로부터 특별한 선택을 받았다.

그러나 예수님 당시 이스라엘 백성의 대부분은 사명 의식을 잃어버리고 하나님이 주신 사명 수행하기를 거부했다. 그들은 복음 자체이신 예수님도 받아들이지 않았고, 이방인에게 복음을 전하는 것도 거부했다.

이스라엘 백성의 대부분이 사명을 거부하는 상황에서 전체 이스

라엘 백성을 통해서는 그 사명을 이루어 가기가 어렵게 되었다. 하나님의 방법은 이스라엘 백성 중에서 일부 믿음으로 남은 자를 통해서 그 사명을 감당하도록 하는 것이었다.

바울 당시 유대 그리스도인들은 이스라엘 백성 중에 믿음으로 남은 자로서 하나님이 주신 사명을 감당하기 위해 구약과 신약의 연결고리 역할을 감당했고, 유대인과 이방인의 연결고리 역할도 수행했다.

### (2) 남은 자에 대한 칼빈의 해석

칼빈은 바울의 남은 자 사상을 그대로 받아들여 신구약 전환기의 유대 그리스도인들을 남은 자로 인정한다. 칼빈은 그의 책《기독교강요》(1559년)에서 남은 자에 관해 다음과 같이 구체적으로 해석했다.

**제3권 21장 6절** 하나님은 아브라함의 후손 중에서 어떤 사람은 버리시고, 어떤 사람은 교회 안에 보호하셔서 그의 자녀들 사이에 두셨다. 이스마엘은 영적 언약의 표징인 할례를 받았기 때문에 처음에는 그 동생 이삭과 동등한 지위를 누렸지만 나중에는 제외되었다. 그 후에 에서가 제외되었고, 그 후에 무수한 사람들, 거의 온 이스라엘이 제외되었다. … 이스마엘과 에서의 무리가 양자의 지위에서 제외된 것은 그들 자신의 결함과 죄 때문이었다는 것을 나는 인정한다. 그들은 하나님의 언약을 충실히 지켜야 한다는 조건이 있음에도 불구하고 그 언약을 위반하고 충실하지 못했다. 그러나 하나님께서 그들을 다른 민족보다 사랑하신 것은 하나님의 특별한 은혜였다.

**제3권 21장 7절** 바울은 그들을 '남은 자'라고 부르는 것에 관심을 갖는데(롬 9:27, 11:5; 사 10:22-23 참조), 그 까닭은 무수한 사람들 중에서 많은 사람이 탈선하여 제외되고 극히 적은 일부만이 남는 경우가 종종 있는 것을 보기 때문이다. … 하나님께서 언약을 맺는 사람들에게 끝까지 참고 견디어 언약을 지킬 수 있게 하는 중생의 영(the spirit of regeneration)을 즉시 주시는 것은 아니다. 이 내면적 은혜만이 그들을 보존할 수 있는데, 그것이 없는 외면적인 변화는 인류가 버림을 당하는 것과 극소수의 경건한 자들이 선택되는 것 사이의 중간 상태이다. … 배반하는 자들을 통해서도 하나님의 신실은 폐지되지 않는다. 이는 자기를 위하여 남은 몇 사람을 보존하심으로써 그의 부르심에는 '후회하심이 없다는 것'이 나타났기 때문이다(롬 11:29). … 이스라엘 백성의 대부분이 언약을 어겼을 때에, 하나님께서는 언약이 완전히 없어지지 않도록, 그것을 소수에 국한시키셨다. … 하나님께서 원하시는 사람들을 자기를 위하여 예정하신 그 변할 수 없는 계획은 본질적으로 이 영적 후손들에게만 구원에 이르게 하는 효과가 있었다(영·한 기독교강요, 성문출판사, 1993).

칼빈의 남은 자에 관한 해석을 정리하면 다음과 같다.

첫째, 하나님이 이스라엘 백성들과 언약을 맺는 즉시 그들을 중생시키시는 것은 아니었다고 말한다.

바울은 그들을 '남은 자'라고 부르는 것에 관심을 갖는데(롬 9:27, 11:5; 사 10:22-23 참조), 그 까닭은 무수한 사람들 중에서 많은 사람이 탈선하여 제외되고 극히 적은 일부만이 남는 경우가 종종 있는 것을 보기 때문이다. … 하나님께서 언약을 맺는 사람들에게 끝까지 참고 견디어 언약을 지킬 수 있게 하는 중생의 영(the spirit of regeneration)을 즉시 주시는 것은 아니다.

둘째, 언약을 맺었는데 중간에 탈락하는 자들이 생기더라도 하나님의 부르심에는 후회하심이 없다고 말한다.

이스마엘과 에서의 무리가 양자의 지위에서 제외된 것은 그들 자신의 결함과 죄 때문이었다는 것을 나는 인정한다. 그들은 하나님의 언약을 충실히 지켜야 한다는 조건이 있음에도 불구하고 그 언약을 위반하고 충실하지 못했다. … 배반하는 자들을 통해서도 하나님의 신실은 폐지되지 않는다. 이는 자기를 위하여 남은 몇 사람을 보존하심으로써 그의 부르심에는 '후회하심이 없다는 것'이 나타났기 때문이다(롬 11:29).

셋째, 하나님의 예정은 결국 언약을 지킨 소수의 남은 자에게 구원에 이르게 하는 효과가 있었다고 말한다.

이스라엘 백성의 대부분이 언약을 어겼을 때에, 하나님께서는 언약이 완전히 없어지지 않도록, 그것을 소수에 국한시키셨다. … 하나님께서 원하시는 사람들을 자기를 위하여 예정하신 그 변할 수 없는 계획은 본질적으로 이 영적 후손들에게만 구원에 이르게 하는 효과가 있었다.

### (3) 신구약 전환기의 이스라엘 교회

구약에서 신약으로 전환하는 시기에 예루살렘 교회가 세워졌다. 이러한 전환 시기의 이스라엘 상황을 남은 자의 관점에서 살펴보면 다음과 같은 내용이 드러난다.

예수님의 공생애 사역은 전반적으로 하나님 나라 사역이었다. 그런데 교회와 관련해서만 보면 예수님의 사역은 이스라엘 안에 교회를 세우는 사역이 아니라 교회를 세우기 위한 기초 사역이었다고 볼 수 있다. 베드로에게 교회를 세울 것이라고 말씀하셨지만 예수님의 공생애 사역 기간 중에 세우지는 않으셨다.

물론 하나님 나라 사역으로서 공생애 사역을 통해 예수님은 인간을 구원하시기 위해 성육신과 십자가 죽으심과 부활과 승천이라는 구원을 위한 핵심 과업을 수행하셨다.

그러나 남은 자라는 관점으로 교회 설립의 측면에서 바라보면 예수님의 공생애 사역은 이방 선교를 위해 예루살렘 교회를 세우기 위한 준비 사역이었다고 할 수 있다. 예수님은 제자들에게 4,000명 또는 5,000명 등의 무리들을 동원해서 교회를 세우라고 하지 않으시고, 단지 제자들을 중심으로 훈련시키는 데 집중하셨다. 결과적으로 보면 마가 다락방의 120명을 남기는 사역이었다. 이들을 통해 예루살렘 교회가 설립되었기 때문이다.

오순절 성령 강림 직후 베드로의 설교에 3,000명이 예수님을 믿었다(행 2:41). 그 후 솔로몬 행각 설교에 믿는 남자의 수가 5,000명이 되기도 했다(행 4:4). 일곱 집사를 세운 후에는 교인의 수가 더욱 많아졌고 많은 제사장들도 복음을 받아들였다(행 6:7). 박해를 통해 흩어진 자들에 의해 유대와 갈릴리와 사마리아에 믿는 자들도 많아졌다(행 9:31). 바울이 제3차 선교 여행을 마치고 예루살렘에 왔을 때는 수만 명의 믿는 자가 있었다(행 21:20). 이처럼 적지 않은 숫자의 사람들이 예수님을 믿었다.

그러나 이들을 통해 이스라엘 나라를 유지 또는 변화시키지는 못했다. 예루살렘 교회의 역사는 오래 지속되지 못했다. 신약성경에 사도들의 자녀 또는 유대 그리스도인의 후손들이 대를 이어 복음을 전했다거나 교회를 세웠다는 기록이 없다. 예루살렘 교회의 역사를 이스라엘 나라 안에서 이어가는 데에는 한계가 있었다.

바울은 선교하면서 우선 각 지역의 유대인 회당을 찾아가서 복음을 전했다. 그러나 회당 전체가 복음을 받아들여서 교회로 전환되는 경우는 없었다. 독자적인 유대인 교회가 설립되어 계속해서 활동했다는 기록도 없다. 당시 이방에 거주하던 유대인들은 주로 이방인 중심의 교회를 설립하는 데 디딤돌 역할을 했을 뿐이다.

남은 자 관점에서 보면, 이스라엘의 첫 교회인 예루살렘 교회는 당시에 이스라엘 민족을 구원하는 데 초점을 맞춘 교회라기보다는 이방 민족을 구원하기 위해 이방 나라에 교회를 세우기 위한 전초 기지 역할을 하는 남은 자 교회였다.

### (4) 남은 자의 정체성

남은 자에 관해서는 구약 엘리야 선지자 시대에도 등장한다.

> **열왕기상 19:18** 그러나 내가 이스라엘 가운데에 칠천 명을 남기리니 다 바알에게 무릎을 꿇지 아니하고 다 바알에게 입 맞추지 아니한 자니라

> **로마서 11:2-4** 하나님이 그 미리 아신 자기 백성을 버리지 아니하셨나니 너희가 성경이 엘리야를 가리켜 말한 것을 알지 못하느냐 그가 이스라엘을 하나님께 고발하되 주여 그들이 주의 선지자들을 죽였으며 주의 제단들을 헐어 버렸고 나만 남았는데 내 목숨도 찾나이다 하니 그에게 하신 대답이 무엇이냐 내가 나를 위하여 바알에게 무릎을 꿇지 아니한 사람 칠천 명을 남겨 두었다 하셨으니

북이스라엘 아합 왕 시절에 엘리야 선지자는 갈멜 산에서 바알 선지자 450명과의 대결에서 승리했다. 여호와 하나님과 바알 우상 중에서 누가 참 신인지에 관한 대결이었다. 엘리야의 기도에 여호와 하나님이 불을 통해 응답하셨다. 여호와가 참 신이라는 것이 밝혀졌다.

그러나 아합 왕의 아내 이세벨은 패배를 받아들이지 않고 오히려 분노하면서 엘리야 선지자를 죽이겠다고 말했다. 엘리야 선지자는 광야로 들어가 피신했다. 그러고는 하나님께 자신의 생명을 거두어 달라고 요청했다.

하나님은 엘리야에게 먹을 것을 주시면서 힘을 북돋워 주셨다. 힘을 얻은 엘리야가 호렙 산에 이르렀을 때 하나님이 이스라엘 중에 바알을 섬기지 않고 하나님을 믿는 자 칠천 명을 남겨 두었다고 말씀하셨다.

또한 하나님은 이사야 선지자에게도 남은 자에 관한 예언을 주셨다. 이사야 선지자는 당시 강대국인 앗수르나 바벨론이 이스라엘을 침략한 후에 피난한 자들 중에서 남은 자가 돌아올 것이라고 예언했다.

**이사야 10:20-22** 그날에 이스라엘의 남은 자와 야곱 족속의 피난한 자들이 다시는 자기를 친 자를 의지하지 아니하고 이스라엘의 거룩하신 이 여호와를 진실하게 의지하리니 남은 자 곧 야곱의 남은 자가 능하신 하나님께로 돌아올 것이라 이스라엘이여 네 백성이 바다의 모래 같을지라도 남은 자만 돌아오리니 넘치는 공의로 파멸이 작정되었음이라

성경에서 이스라엘의 역사를 살펴보면, 남은 자는 이스라엘 나라가 징계를 받고 멸망할 무렵의 사람들로서 하나님이 훗날을 위하여 남겨 놓은 믿음의 사람들이다. 나라 전체가 징계를 받는 상황에서 믿음이 강할지라도 남은 자 개인들이 어떤 역할을 할 수는 없었다. 하나님의 방법은 믿음을 지킨 자들을 남겨 두셨다가 이스라엘 나라 밖에서 또는 징계

가 끝난 후에 이스라엘 나라 안에서 역할을 하게 하시는 것이었다.

바벨론 포로로 붙잡혀 간 다니엘과 세 친구 그리고 모르드개 등은 나라가 멸망할 당시 이스라엘 안에서는 영향력이 없었으나 바벨론에서는 큰 영향력을 발휘했다. 이들은 남유다가 바벨론에게 멸망할 당시에 남은 자들이었다. 70년 후 포로 해방 때에는 스룹바벨, 에스라, 느헤미야 등 남은 자들이 귀환해서 예루살렘을 재건하며 회복했다.

예수님의 십자가 죽음과 부활 승천 이후 이스라엘이 로마에 의해 멸망할 무렵에도 남은 자들이 있었다. 그들은 예수님을 믿는 자들로서 이스라엘이 멸망으로 진행하는 것을 영적으로 저지하는 역할을 하지는 못했다. 결국 이스라엘은 로마에 의해 멸망했다. 그러나 그들 중에 남은 자들은 이스라엘의 멸망 전후에 이방 세계로 나가서 복음을 전파하고 이방 교회를 세우는 데에는 큰 역할을 했다.

**사도행전 15:16-17** 이후에 내가 돌아와서 다윗의 무너진 장막을 다시 지으며 또 그 허물어진 것을 다시 지어 일으키리니 이는 그 남은 사람들과 내 이름으로 일컬음을 받는 모든 이방인들로 주를 찾게 하려 함이라 하셨으니

위의 구절은 예루살렘 총회 중에 야고보가 구약 아모스 선지자의 글을 인용한 것이다. 예수님의 십자가 죽으심과 부활 승천 그리고 오순절 성령 강림을 통해 교회가 설립되고 이스라엘의 남은 자들에 의해 이방인들에게 복음이 전파되리라는 내용이다.

신구약 전환기에 이러한 역할을 하는 사람들은, 구약의 이스라엘의 관점에서는 남은 자이면서 동시에 신약의 이방인의 관점에서는 복음의 증인이다. 이처럼 위기가 다가오면서 시대가 전환할 때마다 하나님은 믿음을 지닌 남은 자를 남겨 두어 역할을 하도록 하셨다.

**이사야 37:32** 이는 남은 자가 예루살렘에서 나오며 피하는 자가 시온 산에서 나올 것임이라 만군의 여호와의 열심이 이를 이루시리이다

## (5) 문제 제기

바울의 남은 자 사상은 매우 중요한 것을 시사해 주고 있다. 즉 이스라엘 백성 전체가 언약을 맺었더라도 그중에서 탈락한 자들이 많이 발생했고, 소수의 사람들만이 구원을 받았다는 것을 알려 준다.

칼빈도 바울의 남은 자에 관한 해석에서 이스라엘 백성들 중에 언약을 어겨 구원에서 제외된 자들이 많이 발생했다는 것을 인정하고 그것에 대해 구체적으로 설명한다.

따라서 언약을 맺은 이스라엘 백성들 중에서 언약을 지킨 사람들은 소수에 불과했다. 이렇게 소수의 남은 자들이 구원 받은 이스라엘 백성들이었다.

그렇다면 언약과 관련해서 궁금증이 생긴다.
이스라엘 백성의 언약과 구원은 어떤 관계인가?

이스라엘 백성이 언약을 지킨다는 것은 무엇을 의미하는가?
언약을 맺은 백성 중에 탈락한 자들의 문제는 무엇인가?
언약을 맺은 백성 중에 구원 받은 자들의 근거는 무엇인가?

### (6) 문제를 풀기 위한 대전제

이스라엘 백성의 언약과 구원의 관계를 풀어나가는데 있어서 대전제가 있다.

첫째, 하나님의 구원은 믿음으로 받는다.
구원 받으려면 사람의 마음속에 믿음이 있어야 한다. 믿음 이외의 어떠한 것을 통해서도 구원 받지 못한다.

둘째, 믿음의 대상은 복음이다.
구원 받는 믿음의 대상은 오로지 복음이다. 복음 이외의 다른 것을 믿거나 붙잡고 있으면 구원 받지 못한다.

셋째, 복음은 예수 그리스도이시다.
성경에는 복음에 관한 상징들과 비유들이 있다. 그 복음의 상징들과 비유들은 모두 예수 그리스도를 가리킨다. 복음의 실체는 예수 그리스도이시다.

넷째, 위의 세 가지 항목은 구약과 신약 모두에 공통으로 해당한다. 구약시대나 신약시대나 구원 받으려면 복음의 실체이신 예수 그리스도를 믿어야 한다.

본서에서는 이상과 같은 대전제 안에서 문제 풀기가 논리적으로 전개된다.

### (7) 핵심 내용 안내

책의 내용을 이해하는 데 도움이 되도록 몇 가지 핵심 사항을 미리 안내해 드린다.

#### ① 십계명의 역할
십계명의 역할을 새롭게 제시한다. 십계명은 언약의 부칙이며, 최저선 역할을 한다. 계명들에는 단계가 있다.

#### ② 쉐마 공식
신명기 6장 4-9절은 율법을 지키는 원리임을 새롭게 규정하고 '쉐마 공식'이라 칭한다. 쉐마 공식의 원리를 따르지 않은 이스라엘 백성이 언약에서 탈락했음을 밝힌다.

#### ③ 율법과 복음
왜 구약에서는 율법을 지키라고 명령했고 신약에서는 복음을 믿으라고 했는지에 관한 이유를 명확하게 밝힌다. 구약과 신약에서 율법과 복음의 상호관계를 새롭게 정립한다.

④ 율법의 복음 기능

율법에는 복음의 기능이 있음을 제시하고, 쉐마 공식에 따라 율법을 지키면 결국 율법 속에 있는 복음을 믿게 된다는 것을 새롭게 밝힌다.

⑤ 새 언약

새 언약이 구약에서 어떤 의미를 지니고 있는지, 그리고 왜 남유다가 멸망할 즈음에 새 언약을 주셨는지를 밝힌다.

⑥ 다윗

다윗은 구약시대에 쉐마 공식을 따르면서 성령의 감동을 받고 예수님을 메시아로 믿는 삶을 살았다는 것을 드러낸다.

⑦ 신구약 연결

구약과 신약의 구원 받는 기본 원리가 동일함을 밝힌다. 구약과 신약에서 유대인이든 이방인이든 복음을 믿을 때 구원을 받는다. 믿음의 대상도 동일하고, 믿음이 발생하는 원리도 동일하다. 구약에서 율법을 지키는 원리인 쉐마 공식이 신약에서도 말씀을 지킬 때 동일하게 적용됨을 밝힌다.

⑧ 남은 자

남은 자는 믿음으로 남은 자다. 위기의 상황에서도 믿음을 지킨 자들이다. 하나님은 믿음 없는 다수가 아니라 믿음 있는 소수의 남은 자를 통해 일하신다는 것을 밝힌다.

⑨ 마음의 중요성

믿음 발생과 율법 지킴에 있어서 인간의 마음이 매우 중요한 위치에 있음이 확인된다.

⑩ 칼빈의 재조명

지금까지 밝혀지지 않은 내용을 드러냄으로써 칼빈의 새로운 면을 알게 된다.

⑪ 신앙의 핵심

위의 내용들을 살피며 추적하는 과정에서 구약과 신약에서 신앙의 핵심이 무엇인지 그리고 신앙의 핵심을 붙잡는 방법이 무엇인지를 알게 된다.

(8) 접근 방식

본서의 주제는 신학적이지만 신학 서적들을 참고하기보다는 성경구절을 통해 직접 풀어나간다. 신학적 접근 방식이 아니라 목회적 설교적 접근 방식이다.

주제들을 전개하면서 성경구절을 보조적으로 인용하는 것이 아니라, 성경구절이 말씀하는 바를 따라가는 방식을 취했다. 그래서 가장 우선적으로 성경구절이 무엇을 말씀하는지를 살펴본 후에 주석과 교리서를 참고했다. 본서에 등장하는 새로운 내용들은 이러한 접근 방식을 통해 나온 것이다.

첫 번째 무대

# 구약의 이스라엘과 율법

하나님은 갈대아 우르에 살던 우상 숭배 가문의 아브라함을 선택하여 가나안 땅으로 불러내시고 믿음 훈련을 시키면서 사명을 주셨다. 그 사명은 모든 민족을 하나님의 백성으로 삼게 하는 것이었다. 그 사명을 이루기 위해 아브라함의 후손인 이스라엘 민족을 사용하실 계획을 세우셨다.

하나님은 출애굽 후 시내 산에서 이스라엘 백성과 언약을 체결하며 십계명을 비롯한 율법을 주셨다. 이때부터 이스라엘 언약 백성은 기록된 율법을 기준으로 하나님을 믿고 따를 수 있게 되었다. 이로써 이스라엘 백성의 앞날에는 하나님이 주신 사명도 감당할 수 있는 길이 열려 있었다.

# 시내 산 언약과 십계명

시내 산 언약에는 크게 두 가지 내용이 포함되어 있다. 언약의 핵심과 언약의 부칙이다. 언약의 핵심은 하나님과의 관계이고, 언약의 부칙은 십계명이다. 십계명은 하나님과의 관계에서는 최저선 역할을 한다. 그리고 계명에는 단계가 있다. 최저 단계는 십계명이고, 최고 단계는 마음과 뜻과 힘을 다하여 하나님을 사랑하고 나 자신을 사랑하듯 이웃을 사랑하는 것이다.

### (1) 시내 산 언약

시내 산 언약 체결에 대해서는 출애굽기 19~24장에 기록되어 있다. 하나님은 이스라엘 백성과 시내 산 언약을 맺을 때 먼저 하나님 자신이 이스라엘 백성의 하나님이라는 것을 선언하신다. 그리고 십계명을 주신다.

**출애굽기 20:2-3** 나는 너를 애굽 땅, 종 되었던 집에서 인도하여 낸 네 하나님 여호와니라 너는 나 외에는 다른 신들을 네게 두지 말라

**민수기 15:41** 나는 여호와 너희 하나님이라 나는 너희의 하나님이 되려고 너희를 애굽 땅에서 인도해 내었느니라 나는 여호와 너희의 하나님이니라

위의 구절에는 두 가지 중요한 의미가 있다. 첫째, 여호와께서 이스라엘 백성의 하나님이심을 강조하신다는 것이다. 둘째, 하나님과 이스라엘 백성 사이의 관계를 유지하기 위해 십계명을 주신다는 것이다.

따라서 시내 산 언약에는 두 가지 사항이 포함되어 있다. 언약의 핵심과 언약의 부칙이다.

언약의 핵심은 2절에 기록된 내용으로서 '나는 너희의 하나님, 너희는 나의 백성'이다. 하나님은 수많은 민족 중에서 유일하게 이스라엘 민족과 언약을 맺으셨다. 언약을 체결함으로써 하나님과 이스라엘 백성 사이에 특별한 관계가 형성되었다.

언약의 부칙은 3절 이하에 기록된 십계명이다. 십계명은 언약 관계를 유지하기 위한 규정이다. 언약의 부칙을 지키면 언약의 핵심이 유지된다. 즉 이스라엘 백성이 십계명을 지킬 때 하나님과의 관계가 지속된다.

언약 체결에 있어서 중요한 것은 언약의 핵심 즉 하나님과의 관계다. 언약의 부칙은 언약의 핵심을 유지하기 위해 주어졌다. 따라서 십계명을 지키는 것도 매우 중요하지만, 하나님과의 관계가 더욱 중요하고 우선이다. 그러므로 십계명을 지킬 때는 항상 '나는 너희의 하나님, 너희는 나의 백성'이라는 관계에 초점을 맞추어 지켜야 한다.

언약을 체결한 후에는 하나님께서는 자기의 언약 백성인 이스라엘을 보호할 책임이 주어진다. 하나님은 그렇게 하시기 위해 기꺼이 주도적으로 이스라엘 백성을 사랑하셔서 택하시고 언약을 맺으셨다.

> **신명기 7:6-8** 너는 여호와 네 하나님의 성민이라 네 하나님 여호와께서 지상 만민 중에서 너를 자기 기업의 백성으로 택하셨나니 여호와께서 너희를 기뻐하시고 너희를 택하심은 너희가 다른 민족보다 수효가 많기 때문이 아니니라 너희는 오히려 모든 민족 중에 가장 적으니라 여호와께서 다만 너희를 사랑하심으로 말미암아, 또는 너희의 조상들에게 하신 맹세를 지키려 하심으로 말미암아 자기의 권능의 손으로 너희를 인도하여 내시되 너희를 그 종 되었던 집에서 애굽 왕 바로의 손에서 속량하셨나니

반면에 이스라엘 백성에게는 언약 관계에 있는 자기의 하나님께 순종할 의무가 있다. 언약을 체결한 이스라엘 백성은 무엇을 기준으로 하나님께 순종하는가? 십계명이다. 더 나아가 십계명을 비롯한 모든 율법이다.

모세는 출애굽기 20~23장에서 하나님이 말씀하신 십계명을 이스라엘 백성에게 전한다. 그리고 출애굽기 24장에서 언약식을 거행한다.

> **출애굽기 24:3-8** 모세가 와서 여호와의 모든 말씀과 그의 모든 율례를 백성에게 전하매 그들이 한 소리로 응답하여 이르되 여호와께서 말씀하신 모든 것을 우리가 준행하리이다 모세가 여호와의 모든 말씀을 기록하고 이른 아침에 일어나 산 아래에 제단을 쌓고 이스라엘 열두 지파대로 열두 기둥을 세우고 이스라엘 자손의 청년들을 보내어 여호와께 소로 번제와 화목제를 드리게 하고 모세가 피를 가지고 반은 여러 양푼에 담고 반은 제단에 뿌리고 언약서를 가져다가 백성에게 낭독하여 듣게 하니 그들이 이르되 여호와의 모든 말씀을 우리가 준행하리이다 모세가 그 피를 가지고 백성에게 뿌리며 이르되 이는 여호와께서 이 모든 말씀에 대하여 너희와 세우신 언약의 피니라

모세가 하나님이 주신 말씀과 율례를 전했을 때 이스라엘 백성은 하나님이 지시하신 모든 것을 준행하겠다고 약속했다. 그리고 모세가 모든 말씀과 율례를 기록한 언약서를 다음 날 백성 앞에서 낭독하게 했다. 백성들이 언약서에 기록된 대로 준행하겠다고 약속했다. 그리고 모세가 백성들에게 언약의 피를 뿌렸다. 이로써 하나님과 이스라엘 백성 사이에 언약이 체결되었다.

언약을 체결한 후에는 하나님 편에서는 자기 백성인 이스라엘을 보호하고, 이스라엘 백성 편에서는 자기 하나님이 주신 언약의 내용

을 지켜야 한다. 이스라엘 백성이 언약의 내용을 지키면 하나님의 보호가 지속되고, 지키지 않으면 보호가 사라진다.

예를 들면, 언약 체결은 집 매매계약의 경우와 비슷하다. 매매 계약서 부칙에는 잔금 날짜, 집수리 등 여러 가지 세부 조건들이 담겨 있다. 이 부칙을 지키면 매매가 이루어진다. 부칙을 지키지 않으면 매매가 이루어지지 않는다. 매매 계약이 파기된다.

마찬가지로 이스라엘 백성이 십계명을 중심으로 하는 언약의 내용을 지키지 않으면 하나님과의 관계가 어긋나게 된다.

이스라엘 백성은 시내 산 언약을 체결할 때 언약서에 대해 자발적으로 동의했다. 그들은 스스로 언약의 내용을 지키겠다고 결심하고 약속한 가운데 언약을 체결했다.

하나님이 이스라엘 백성을 택하고 언약을 체결하신 목적이 있다.

**출애굽기 19:5-6** 너희가 내 말을 잘 듣고 내 언약을 지키면 너희는 모든 민족 중에서 내 소유가 되겠고 너희가 내게 대하여 제사장 나라가 되며 거룩한 백성이 되리라 너는 이 말을 이스라엘 자손에게 전할지니라

위의 말씀은 시내 산 언약을 체결하기 직전에 모세를 통해 이스라엘 백성에게 주신 말씀이다. 하나님이 이스라엘 백성과 언약을 체

결한 목적은 그들을 제사장 나라와 거룩한 백성으로 삼는 것이다. 하나님이 이스라엘 백성을 제사장 나라와 거룩한 백성으로 삼으시는 이유는 이스라엘 백성이 하나님의 백성으로서 모든 민족에게 하나님의 말씀을 전해야 하는 사명을 감당하게 하기 위함이다.

하나님은 이스라엘 백성에게 세계 선교라는 특별한 임무를 주셨다. 이것이 하나님이 이스라엘의 조상인 아브라함을 부르셨을 때 약속하신 축복이며 사명이었다.

하나님은 시내 산 언약을 체결하기 직전에 아브라함에게 주신 사명을 다시 한번 확인하기 위해 이스라엘 백성에게 모세를 통해 위의 말씀 즉 출애굽기 19장 5-6절을 전하셨다.

이러한 사명을 감당하게 하기 위해 하나님은 이스라엘 백성과 언약을 체결하고 그들을 보호해 주셨다. 이스라엘 백성이 언약을 지키면 그들에게 이 사명을 감당할 수 있는 길이 열리게 된다.

(2) **언약궤**

이스라엘 백성은 하나님과의 언약을 소중히 여겨야 한다. 하나님과의 언약은 이스라엘 백성 자신들만을 위한 것이 아니라 나중에 모든 이방 민족을 위한 것이기도 하다.

하나님은 모세에게 언약궤를 만들어 언약의 증거물인 십계명 돌판을 넣어 놓으라고 말씀하셨다.

> **신명기 10:1-5** 그때에 여호와께서 내게 이르시기를 너는 처음과 같은 두 돌판을 다듬어 가지고 산에 올라 내게로 나아오고 또 나무 궤 하나를 만들라 네가 깨뜨린 처음 판에 쓴 말을 내가 그 판에 쓰리니 너는 그것을 그 궤에 넣으라 하시기로 내가 조각목으로 궤를 만들고 처음 것과 같은 돌판 둘을 다듬어 손에 들고 산에 오르매 여호와께서 그 총회 날에 산 위 불 가운데에서 너희에게 이르신 십계명을 처음과 같이 그 판에 쓰시고 그것을 내게 주시기로 내가 돌이켜 산에서 내려와서 여호와께서 내게 명령하신 대로 그 판을 내가 만든 궤에 넣었더니 지금까지 있느니라

> **신명기 31:24-26** 모세가 이 율법의 말씀을 다 책에 써서 마친 후에 모세가 여호와의 언약궤를 메는 레위 사람에게 명령하여 이르되 이 율법책을 가져다가 너희 하나님 여호와의 언약궤 곁에 두어 너희에게 증거가 되게 하라

모세는 하나님이 직접 기록해 주신 십계명 돌판을 하나님이 지시해서 만든 궤 안에 넣어 두었고, 다른 율법을 기록한 책을 그 궤 곁에 두었다.

십계명과 율법은 언약 체결의 증거다. 그래서 그 궤를 언약궤라고 칭하고, 증거궤 또는 법궤라고도 칭한다.

**출애굽기 25:16, 21-22** 내가 네게 줄 증거판을 궤 속에 둘지며… 속죄소를 궤 위에 얹고 내가 네게 줄 증거판을 궤 속에 넣으라 거기서 내가 너와 만나고 속죄소 위 곧 증거궤 위에 있는 두 그룹 사이에서 내가 이스라엘 자손을 위하여 네게 명령할 모든 일을 네게 이르리라

이것은 집을 매매한 후에 매매 계약서를 가장 안전한 곳에 보관하는 것과 유사하다.

모세는 하나님의 지시에 따라 언약의 증거물인 십계명 돌판을 언약궤 안에, 다른 율법책을 언약궤 곁에 보관했다. 그리고 언약궤를 성막의 지성소 안에 안치했다. 지성소는 하나님이 임재하셔서 말씀하시는 지극히 거룩한 장소다. 지성소에 안치된 언약궤는 성막의 기구들 중에 가장 중요한 기구다. 따라서 성막의 기구들 중에서 언약궤가 가장 중요하기 때문에 가장 안전하게 보호를 받는다.

모세가 지은 성막에서뿐만 아니라 나중에 솔로몬이 지은 예루살렘 성전에서도 언약궤를 지성소에 안치했다.

**열왕기상 8:20-21** 이제 여호와께서 말씀하신 대로 이루시도다 내가 여호와께서 말씀하신 대로 내 아버지 다윗을 이어서 일어나 이스라엘의 왕위에 앉고 이스라엘의 하나님 여호와의 이름을 위하여 성전을 건축하고 내가 또 그곳에 우리 조상들을 애굽 땅에서 인도하여 내실 때에 그들과 세우신바 여호와의 언약을 넣은 궤를 위하여

한 처소를 설치하였노라

### (3) 십계명의 역할

십계명은 시내 산 언약의 부칙이기 때문에 십계명을 지키느냐 안 지키느냐에 언약이 유지되느냐 파기되느냐가 달려 있다. 다른 말로 표현하면, 하나님과의 관계를 유지하느냐 못 하느냐는 언약 백성인 이스라엘이 십계명을 지키는지 여부에 달려 있다.

십계명은 하나님과의 관계에서 보면 최저선 역할을 한다. 하나님과의 관계에서 최저선이라는 것은 하나님과의 관계를 유지할 수 있는 가장 낮은 단계라는 것을 의미한다. 하나님과 언약관계에 있는 이스라엘 백성은 최소한 최저선인 십계명은 지켜야 한다.

십계명의 각 조항을 글자 그대로 살펴보면 왜 십계명이 최저선인지 이해가 된다.

#### ❦ 제1계명

'너는 나 외에는 다른 신들을 네게 두지 말라.'

하나님과 언약 관계에 있는 사람은 최소한 자기 하나님을 다른 신들과 함께 섬기면 안 된다. 언약 백성은 온 마음을 다해 자기 하나님만을 섬기는 것이 마땅하다. 하나님만 섬긴다 하더라도 부족한 신앙이 나타난다. 그러나 아무리 부족해도 하나님도 섬기고 동시에 다른 신도 섬기면 안 된다. 따라서 십계명은 하나님과의 관계에서 최저선 역할을 한다.

### ✌ 제2계명

'너를 위하여 새긴 우상을 만들지 말고 또 위로 하늘에 있는 것이나 아래로 땅에 있는 것이나 땅 아래 물 속에 있는 것의 어떤 형상도 만들지 말며 그것들에게 절하지 말며 그것들을 섬기지 말라.'

구약성경에서 하나님께 제사드릴 때는 '하나님을 위하여', 우상 숭배할 때는 '자기를 위하여'라는 수식어구가 앞에 나온다.

**창세기 13:18** 이에 아브람이 장막을 옮겨 헤브론에 있는 마므레 상수리 수풀에 이르러 거주하며 거기서 여호와를 위하여 제단을 쌓았더라

**역대상 21:26** 다윗이 거기서 여호와를 위하여 제단을 쌓고 번제와 화목제를 드려 여호와께 아뢰었더니 여호와께서 하늘에서부터 번제단 위에 불을 내려 응답하시고

**출애굽기 32:8** 그들이 내가 그들에게 명령한 길을 속히 떠나 자기를 위하여 송아지를 부어 만들고 그것을 예배하며 그것에게 제물을 드리며 말하기를 이스라엘아 이는 너희를 애굽 땅에서 인도하여 낸 너희 신이라 하였도다

**신명기 16:21-22** 네 하나님 여호와를 위하여 쌓은 제단 곁에 어떤 나무로든지 아세라 상을 세우지 말며 자기를 위하여 주상을 세우지 말라 네 하나님 여호와께서 미워하시느니라

우상 숭배는 자기를 위한 탐심에서 나온 것이다.

**골로새서 3:5** 그러므로 땅에 있는 지체를 죽이라 곧 음란과 부정과 사욕과 악한 정욕과 탐심이니 탐심은 우상 숭배니라

하나님의 백성은 자기 하나님과의 관계 안에서 살아가는 것이 원칙이다. 자기가 필요로 하는 것이 있으면 자기 하나님께 구해야 한다. 자기 하나님께 구하지는 못할지라도 최소한 자기의 욕구를 채우기 위해 우상을 만들어 섬기면 안 된다.

### ❦ 제3계명

'너는 네 하나님 여호와의 이름을 망령되게 부르지 말라.'

자기 하나님의 이름을 영화롭게는 못할지라도 최소한 모욕하면 안 된다.

### ❦ 제4계명

'안식일을 기억하여 거룩하게 지키라.'

평일 엿새 동안에는 자기 일을 할지라도 최소한 하나님의 날인 안

식일 하루는 하나님의 집에서 하나님과 함께 지내야 한다.

### ❦ 제5계명
'네 부모를 공경하라.'

이웃의 부모에게는 하지 않더라도 최소한 자기 부모는 공경해야 한다. 공경은 단순히 인륜적으로 효도하는 것 이상을 의미한다. 여기에는 가정 안에 영적 질서를 세우고자 하는 하나님의 뜻이 있다. 부모는 가정에서 하나님의 대리자 역할을 한다.

> **창세기 18:19** 내가 그로 그 자식과 권속에게 명하여 여호와의 도를 지켜 의와 공도를 행하게 하려고 그를 택하였나니 이는 나 여호와가 아브라함에 대하여 말한 일을 이루려 함이니라

하나님은 아브라함이 자기 자녀들과 친척들에게 하나님의 말씀을 지켜 행하게 하려고 택했다고 말씀하신다. 아브라함이 믿음의 가장으로서 하나님의 대리자 역할을 감당할 때 하나님이 아브라함에게 주신 사명이 대를 이어 이루어질 수 있다. 따라서 하나님의 언약 백성은 자기 하나님을 경외하고, 자기 부모를 공경해야 한다.

### ❦ 제6계명
'살인하지 말라.'

생명을 구해 주지는 못할지라도 최소한 생명을 해쳐서는 안 된다.

### 🕊 제7계명

'간음하지 말라.'

간음은 결혼한 사람에게 해당한다. 최소한 결혼한 사람이 타인과 음행을 하면 안 된다. 간음은 가족의 핵심인 부부 관계를 파괴하는 것이기 때문이다. 가정의 기본 질서를 해치는 것이다.

가정은 교회와 더불어 하나님이 직접 만드신 기관이다. 하나님은 교회와 함께 가정을 중요하게 여기신다. 구약에서는 가정을 중심으로 하나님의 계획을 이루어 가셨다. 따라서 제7계명에서는 선반석인 음행에 관한 것 중에서 가장 기본적인 최소한의 것, 즉 부부 관계에 관한 것을 요구하고 있다.

예수님은 제7계명을 기초로 인정하신다. 그리고 여기에 더 높은 단계의 계명을 덧붙여 말씀하신다. 음행에 대해서 행위 문제보다 더 지키기 어려운 차원인 마음의 문제를 교훈하신다.

> **마태복음 5:27-28** 또 간음하지 말라 하였다는 것을 너희가 들었으나 나는 너희에게 이르노니 음욕을 품고 여자를 보는 자마다 마음에 이미 간음하였느니라

### 🕊 제8계명

'도둑질하지 말라.'

물질적으로 도와주지는 못할지라도 최소한 훔치면 안 된다.

### ✜ 제9계명
'네 이웃에 대하여 거짓 증거하지 말라.'

이웃을 위해 유익한 말을 해주지는 못할지라도 최소한 자기 이웃에게 해를 끼치려고 거짓말을 해서는 안 된다.

### ✜ 제10계명
'네 이웃의 집을 탐내지 말라.'

이웃에게 보탬이 되어 주지는 못할지라도 최소한 자기 이웃의 것을 빼앗으려고 욕심내면 안 된다.

이상과 같이 십계명은 하나님의 언약 백성으로서 이스라엘 백성이 지켜야 할 최소한의 규정을 담고 있다.

십계명에는 '네 하나님', '네 부모', '네 이웃'이라는 표현이 등장한다. 이것은 가까운 관계를 나타내는 표현이다. 십계명은 개인의 신앙이나 윤리를 넘어서서 하나님과의 관계, 가족과의 관계, 이웃과의 관계에 초점을 맞추고 있다.

따라서 십계명을 어기면 우선 본인의 신앙이나 윤리에 문제가 발생한다. 그런데 개인의 신앙이나 윤리의 문제에 그치는 것이 아니라 모든 관계가 어긋난다. 하나님과의 관계, 가족과의 관계, 이웃과의 관계에 금이 가고, 심하면 관계가 깨어진다.

**(4) 계명의 단계**

계명들에는 십계명이라는 기초 계명으로부터 시작해서 하나님과의 관계 그리고 이웃과의 관계를 더욱 성숙하게 인도하는 단계의 계명들이 있다.

십계명은 하나님과의 관계 그리고 이웃과의 관계에서 보면 가장 낮은 단계의 계명이다.

하나님과의 관계에서 가장 높은 단계는 '마음을 다하고 뜻을 다하고 힘을 다하여 네 하나님 여호와를 사랑하라'(신 6:4)이다. 이 계명은 하나님을 대충 사랑하라는 것이 아니라 전인격을 다하여 사랑하라는 것이다.

이웃과의 관계에서 가장 높은 계명은 "네 이웃 사랑하기를 네 자신과 같이 사랑하라"(레 19:18)이다. 이 계명은 이웃을 마지못해 사랑하라는 것이 아니라 자기 자신에게 하는 것과 동일하게 사랑하라는 것이다.

**① 단계별 점수 환산**

이웃과의 관계에 대해서 각 계명의 단계를 이해하기 쉽게 점수로 환산해 볼 수 있다.

첫째 단계, '살인하지 말라'이다. 이것은 십계명 중 제6계명이다. 이웃과의 관계에서 최저 단계다. 살인하지 않았다고 해서 이웃과의 관계가 좋은 것은 아니다. 살인하지 않는 것은 이웃과의 관계에서 지극히 당연한 것으로서 겨우 낙제를 벗어난 상태다. 점수로 환산하면 60점이다.

둘째 단계, '마음으로 미워하지 말라'이다. "너는 네 형제를 마음으로 미워하지 말며"(레 19:17)라고 했다. 이웃과의 관계에서 중간 단계의 계명이라 할 수 있다. 미워하는 행동뿐만 아니라 미워하는 마음을 지니고 있어도 안 된다. 점수로 환산하면 80점 정도 되겠다.

일반 사회의 법은 행동으로 드러난 죄에 대해서만 금지하는 것으로 만족하지만, 성경에서는 마음으로 범하는 죄도 규제한다. 칼빈은 일반 사회법에서와 성경의 법에서 범죄에 대해 생각하는 방식이 서로 다르다는 것을 인정한다. 즉 일반 사회법에서는 행동으로 범하는 죄만을 다루지만, 성경에서는 마음으로 범하는 죄까지 다룬다는 것이다.

**기독교강요 제2권 8장 6절** 사람들은 어떤 의도로 각 범죄가 자행되었는가를 결정하나 감추인 생각까지 찾아내지는 못한다. 이와 같이 인간의 법은 사람이 자신의 손이 범죄함을 금하면 만족한다. 반대로 하늘의 법은 우리의 영혼을 위하여 주어진 것이므로 그것이 올바르게 준수되도록 처음에 마음이 억제되어야 한다.

또한 칼빈은 겉으로 드러난 행위만을 강조하는 바리새인들의 율법 지키는 방식에 문제가 있음을 지적한다.

**기독교강요 제2권 8장 7절**  바리새인들은 율법을 거스려 외적 행위에 의해 아무것도 범하지 않는 자가 율법을 성취할 것이라는 왜곡된 견해를 가지고 백성들에게 영향을 주었는데, 그리스도께서는 이것이 가상 위험한 잘못이라고 책망하시고 음욕을 품고 여인들을 보기만 해도 음행한 것과 같다고 선언하셨다(마 5:28). 또 그는 "그 형제를 미워하는 자마다 살인하는 자니라"고 하셨다(요 3:15).

바리새인들의 율법 준행 방식을 따라가 보면, 마음을 제어하는 것에는 관심이 없고 겉으로 드러나는 율법의 행위를 하게 되어 결국 외식주의에 빠지게 된다. 하나님 앞에서는 마음으로 미워하든지 실제로 살인하든지 상관없이 죄가 되는 것은 마찬가지다.

**요한일서 3:15**  그 형제를 미워하는 자마다 살인하는 자니 살인하는 자마다 영생이 그 속에 거하지 아니하는 것을 너희가 아는 바라

하나님이 각 단계의 죄를 다루시는 방식에서는 차이가 난다. 마

음으로 미워하는 단계에서는 하나님은 징계하지 않으시고 돌이키기를 기다리신다. 마음속에 있는 미움을 제거하기를 바라고 계신다.

그러나 그 미움이 실제 살인하는 행위로 나타나면 하나님은 징계하신다. 가인의 경우가 이에 대한 좋은 예가 될 수 있다.

**창세기 4:6-12** 여호와께서 가인에게 이르시되 네가 분하여 함은 어찌 됨이며 안색이 변함은 어찌 됨이냐 네가 선을 행하면 어찌 낯을 들지 못하겠느냐 선을 행하지 아니하면 죄가 문에 엎드려 있느니라 죄가 너를 원하나 너는 죄를 다스릴지니라 가인이 그의 아우 아벨에게 말하고 그들이 들에 있을 때에 가인이 그의 아우 아벨을 쳐 죽이니라 여호와께서 가인에게 이르시되 네 아우 아벨이 어디 있느냐 그가 이르되 내가 알지 못하나이다 내가 내 아우를 지키는 자니이까 이르시되 네가 무엇을 하였느냐 네 아우의 핏소리가 땅에서부터 내게 호소하느니라 땅이 그 입을 벌려 네 손에서부터 네 아우의 피를 받았은즉 네가 땅에서 저주를 받으리니 네가 밭을 갈아도 땅이 다시는 그 효력을 네게 주지 아니할 것이요 너는 땅에서 피하며 유리하는 자가 되리라

가인이 동생 아벨에 대한 미운 감정을 마음에 지녔을 때에 하나님은 마음을 다스리라고 권고하면서 기다리셨다. 그러다 가인이 실제 행동으로 옮겨 동생을 살해했을 때 비로소 하나님은 징계를 내리셨다.

셋째 단계, '네 자신과 같이 사랑하라'이다. 이웃과의 관계에서 최고 단계의 계명이다. 점수로 환산하면 100점이다.

**야고보서 2:8** 너희가 만일 성경에 기록된 대로 네 이웃 사랑하기를 네 몸과 같이 하라 하신 최고의 법을 지키면 잘하는 것이거니와

하나님은 구약 레위기에서와 같이 신약 야고보서에서도 이웃을 자신과 같이 사랑하는 것이 최고의 계명임을 확증해 보이신다.

계명들에는 단계가 있으며 십계명은 다른 계명들과 비교해 보면 최저선 역할을 한다는 것을 알 수 있다. 물론 다른 계명들이 하나님 사랑과 이웃 사랑이라는 십계명의 기초 원리 위에 세워져 있다는 의미에서는 십계명이 다른 계명들 즉 모든 율법의 중심 역할을 한다.

② **율법의 완성**

최고 단계의 계명을 지킬 수 있는 사람은 아래 단계의 계명들을 쉽게 지킬 수 있다. 이웃을 자기 자신과 같이 사랑할 수 있는 사람은 살인하지도 않고 미워하지도 않는다. 왜냐하면 이웃을 적극적으로 사랑하면 적어도 이웃에게 해를 끼치려고 하지는 않기 때문이다.

이런 수준의 사람은 일상생활에서 흔히 말하는 '법 없이 살아가는 사람'이라고 할 수 있을 것이다. 착하고 올바르게 살아가는 사람이다. 법 규정을 자세하게 알지는 못할지라도 이웃에게 손해 끼치는

일을 하지 않기 때문에 결국 법을 지키면서 살아가는 삶이 된다.

**갈라디아서 5:14** 온 율법은 네 이웃 사랑하기를 네 자신같이 하라 하신 한 말씀에서 이루어졌나니

**로마서 13:8-10** 피차 사랑의 빚 외에는 아무에게든지 아무 빚도 지지 말라 남을 사랑하는 자는 율법을 다 이루었느니라 간음하지 말라, 살인하지 말라, 도둑질하지 말라, 탐내지 말라 한 것과 그 외에 다른 계명이 있을지라도 네 이웃을 네 자신과 같이 사랑하라 하신 그 말씀 가운데 다 들었느니라 사랑은 이웃에게 악을 행하지 아니하나니 그러므로 사랑은 율법의 완성이니라

사랑은 율법의 완성이다. 왜냐하면 이웃 사랑을 마음에 품고 있는 사람은 이웃을 도와줄지언정 최소한 이웃에게 해를 끼치지는 않기 때문이다. 따라서 이웃을 자신과 같이 사랑하는 사람은 이웃에 관한 모든 계명을 지키는 셈이다.

하나님은 이스라엘 언약 백성에게 단순히 십계명을 지키는 수준만을 요구하시는 것이 아니라 더 높은 수준의 계명들을 지키기를 원하신다.

이스라엘 백성은 단순히 자신들만의 신앙생활을 위해 부르심을 받은 것이 아니다. 이스라엘 백성이 부르심 받은 대로 모든 이방 민족을 위한 제사장 나라 역할을 감당하려면 높은 수준의 신앙이 요

구된다. 더 높은 단계의 계명을 지키는 수준으로 올라가야 한다. 이 방 민족에게 하나님의 말씀을 전하기 위해서는 우선 이스라엘 백성 자신이 하나님과의 깊은 관계에서 하나님의 말씀을 지켜야 한다.

예를 들면 예수님은 3년간의 제자 교육을 마치신 후에 곧바로 제자들을 파송하지 않으시고 하나님으로부터 능력을 받을 때까지 기다리라고 말씀하셨다.

> **사도행전 1:4** 사도와 함께 모이사 그들에게 분부하여 이르시되 예루살렘을 떠나지 말고 내게서 들은 바 아버지께서 약속하신 것을 기다리라

제자들은 예수님으로부터 교육과 훈련을 받았고, "주는 그리스도시요 살아 계신 하나님의 아들이시니이다"(마 16:16)라는 신앙고백도 했다. 그러나 여기에서 그치지 않고 오순절 성령 강림을 체험해야 했다.

> **사도행전 1:8** 오직 성령이 너희에게 임하시면 너희가 권능을 받고 예루살렘과 온 유대와 사마리아와 땅 끝까지 이르러 내 증인이 되리라 하시니라

성령의 권능을 충만하게 받은 후에야 비로소 제자들은 예수님을 그리스도로 고백하는 기초 단계의 신앙을 넘어서 땅 끝까지 가서 복음을 전할 수 있게 되었다.

예수님으로부터 훈련을 받고 성령으로부터 권능을 받은 제자들은, 그동안 구약시대부터 이스라엘 언약 백성이 감당하지 못했던 사명, 즉 모든 민족에게 복음을 전하라는 아브라함에게 주신 사명을 감당할 수 있었다.

이상에서 보는 바와 같이 계명의 단계들은 단순히 개인의 신앙과만 관련되는 것이 아니라 사명과도 관련된다. 낮은 단계의 계명인 십계명으로부터 출발해서 높은 단계의 계명들을 잘 지킬수록 개인의 신앙도 성숙해지면서 사명을 감당할 수 있는 능력도 생긴다.

③ 타락의 기준

계명들의 단계에 관해 좀 더 깊이 생각해 보아야 할 것이 있다.

마음으로 미워하는 중간 단계나 이웃을 자신과 같이 사랑하는 최고 단계를 지키지 못한다고 해서 그 사람이 타락했다고 말하지는 않는다. 이것은 그 사람의 신앙이 강하냐 약하냐의 문제이며, 그 사람의 인격이 성숙한가 성숙하지 않은가의 문제다.

그러나 이웃과의 관계에서 가장 낮은 단계인 살인을 저지르는 것은 타락의 문제다. 살인을 저지를 정도면 타락의 길에 들어선 것이다. 최저선인 십계명이 타락의 기준이 된다. 살인하는 것은 십계명이 언약 백성에게 제시하는 최저선을 넘어선 것이다.

하나님과의 관계에서도 십계명 중에 특히 제1, 2계명을 어기면 타락의 길이 열린다. 하나님과 언약을 맺었으면서도 다른 신을 섬긴다거나 우상을 숭배하면 언약 백성으로서의 최저선을 넘어선 것이다. 구약의 이스라엘 백성들은 주로 제1, 2계명을 범해서 멸망의 길로 가게 되었다.

하나님은 언약 백성에게 가장 낮은 단계인 십계명을 주셨을 뿐만 아니라 가장 높은 단계로서의 하나님 사랑과 이웃 사랑의 계명도 주셨다.

하나님의 언약 백성은 최소한 최저선인 십계명을 지켜야 한다. 그리고 최대한 최고 단계 곧 마음과 뜻과 힘을 다하여 하나님을 사랑하도록 힘써야 한다. 자기 자신과 같이 이웃을 사랑하도록 힘써야 한다.

하나님과 언약을 체결한 이스라엘 백성은 최소한 십계명을 지키면서 최고 단계의 계명으로 올라가는 데 힘써야 한다.

이러한 자세로 율법을 지키면 단순히 율법의 규정들을 지키는 수준으로 끝나는 것이 아니라, 율법을 지키는 과정을 통해 하나님과의 관계와 이웃과의 관계가 더욱 깊어지게 된다.

### (5) 하나님의 경고

시내 산 언약을 체결한 후 모세가 언약의 증거물인 십계명 돌판을 받기 위해 시내 산에 올라가서 40일 동안 머물러 있는 사이에 산 아래에서는 금송아지 우상 숭배 사건이 발생했다. 지도자 모세가 없는 상태에서 불안한 백성들이 금송아지 우상을 만들어 자기들의 신이라고 숭배했다. 그들은 제1, 2계명을 범했다.

이 사건 직후에 하나님이 모세를 통해 경고의 말씀을 주셨다.

**출애굽기 32:33** 누구든지 내게 범죄하면 내가 내 책에서 그를 지워 버리리라

일반적으로 나라의 법을 어기는 자는 사회로부터 격리되어 감옥에 들어가고 사회 공동체로부터 단절된다. 법은 사회 공동체를 유지시키는 가장 낮은 단계의 처방에 해당한다. 법보다 더 높은 단계의 처방들이 있다. 상식과 도덕과 양심 그리고 종교 등이다. 나라의 법은 사회 공동체의 관계를 지키기 위한 최저선 역할을 한다.

십계명도 일반 사회의 법과 마찬가지의 역할을 한다. 십계명은 이스라엘 언약 공동체의 관계를 지키기 위한 최저선이다. 이스라엘 백성이 최저선인 십계명을 어기면 언약 공동체가 허물어지게 된다.

언약 백성은 십계명을 기반으로 해서 더 높은 단계의 계명들로 올라가야 한다. 온 마음을 다해 하나님을 사랑하고, 자기 자신과 같이 이웃을 사랑하는 단계로까지 올라가야 한다. 이렇게 올라가면 올라갈수록 언약 공동체가 더욱 더 성숙하게 세워지게 된다.

① 탈락의 근거

십계명이 최저선 역할을 한다면, 이스라엘 백성이 십계명 조항을 위반하면 그때마다 하나님이 무조건 기계적으로 책에서 지워 버리시는 것일까?

'누구든지 내게 범죄하면'이라는 조건에는 단순히 십계명 조항을 위반한다는 것보다 훨씬 더 심각한 의미가 포함되어 있다.

왜 언약 백성 이스라엘이 최저선인 십계명을 위반하게 되는지에 대한 근본 원인을 찾아보아야 한다. 이것은 궁극적으로 하나님에 대한 불신 즉 믿음 없음과 관련된다.

**민수기 14:11-12** 여호와께서 모세에게 이르시되 이 백성이 어느 때까지 나를 멸시하겠느냐 내가 그들 중에 많은 이적을 행하였으나 어느 때까지 나를 믿지 않겠느냐 내가 전염병으로 그들을 쳐서 멸하고 네게 그들보다 크고 강한 나라를 이루게 하리라

**신명기 1:29-32** 내가 너희에게 말하기를 그들을 무서워하지 말라 두려워하지 말라 너희보다 먼저 가시는 너희의 하나님 여호와께서 애굽에서 너희를 위하여 너희 목전에서 모든 일을 행하신 것같이 이제도 너희를 위하여 싸우실 것이며 광야에서도 너희가 당하였거니와 사람이 자기의 아들을 안는 것같이 너희의 하나님 여호와께서 너희가 걸어온 길에서 너희를 안으사 이곳까지 이르게 하셨느니라

하나 이 일에 너희가 너희의 하나님 여호와를 믿지 아니하였도다

위의 구절에서 민수기는 당시의 실제 상황을 기술한 것이고, 신명기는 광야 생활 40년이 지난 후 모세가 그 당시 상황을 출애굽 2세대에게 설명하는 내용이다. 이러한 내용은 출애굽 1세대가 가데스 바네아에서 가나안 땅을 정탐한 후에 어떤 태도를 취하였는지를 보여 준다.

출애굽 1세대는 가나안 땅 정복을 눈앞에 두고 하나님을 믿지 못했다. 모세가 출애굽 사건과 광야에서 기적을 베푸신 하나님을 믿어야 한다고 권고했지만 그들은 귀 기울여 듣지 않았다. 하나님을 신뢰하지 못하고 하나님과 모세를 원망하고 불평했다.

출애굽 1세대는 가데스 바네아 정탐 사건 이후 광야에서 지내는 도중에도 변함없이 원망과 불평하는 말을 했다.

**민수기 20:2-5** 회중이 물이 없으므로 모세와 아론에게로 모여드니라 백성이 모세와 다투어 말하여 이르되 우리 형제들이 여호와 앞에서 죽을 때에 우리도 죽었더라면 좋을 뻔하였도다 너희가 어찌하여 여호와의 회중을 이 광야로 인도하여 우리와 우리 짐승이 다 여기서 죽게 하느냐 너희가 어찌하여 우리를 애굽에서 나오게 하여 이 나쁜 곳으로 인도하였느냐 이 곳에는 파종할 곳이 없고 무화과도 없고 포도도 없고 석류도 없고 마실 물도 없도다

**민수기 21:4-5** 백성이 호르 산에서 출발하여 홍해 길을 따라 에돔 땅을 우회하려 하였다가 길로 말미암아 백성의 마음이 상하니라 백성이 하나님과 모세를 향하여 원망하되 어찌하여 우리를 애굽에서 인도해 내어 이 광야에서 죽게 하는가 이곳에는 먹을 것도 없고 물도 없도다 우리 마음이 이 하찮은 음식을 싫어하노라 하매

이것은 광야 생활 내내 하나님께 대한 신뢰가 없었음을 드러낸 것이다. 그들이 원망하고 불평한 이유는 하나님을 불신했기 때문이다. 그들은 광야 생활을 하면서 원망과 불평을 하나님을 향한 믿음으로 전환시키지 못했다. 그래서 그들은 광야에서 40년 동안 허송세월을 보냈다.

그들이 가나안 땅에 들어가지 못한 것은 단순히 원망하고 불평한 것 때문만이 아니라 궁극적으로는 하나님을 믿지 못했기 때문이었다. 히브리서에서는 이러한 상황을 더욱 분명하게 설명한다.

**히브리서 3:17-19** 또 하나님이 사십 년 동안 누구에게 노하셨느냐 그들의 시체가 광야에 엎드러진 범죄한 자들에게가 아니냐 또 하나님이 누구에게 맹세하사 그의 안식에 들어오지 못하리라 하셨느냐 곧 순종하지 아니하던 자들에게가 아니냐 이로 보건대 그들이 믿지 아니하므로 능히 들어가지 못한 것이라

**히브리서 4:2** 그들과 같이 우리도 복음 전함을 받은 자이나 들은 바 그 말씀이 그들에게 유익하지 못한 것은 듣는 자가 믿음과 결부시키지 아니함이라

출애굽 1세대 이스라엘 백성은 과거 어려운 환경을 만날 때 하나님이 베푸신 이적 체험을 하나님에 대한 믿음으로 연결시켰어야 했다. 그들이 하나님의 이적을 체험할 때마다 그것을 믿음으로 연결시켰다면 그 후에 또 다른 어려운 상황을 맞이할 때 그 믿음으로 극복할 수 있었을 것이다.

그러나 그들은 믿음으로 연결시키지 못하고 어려운 일을 만날 때면 또 하나님께 원망하고 불평했다. 그들에게 이러한 원망과 불평의 모습이 겉으로 나타난 것은 그들이 마음속에 하나님을 믿지 못했기 때문이다. 그들의 마음속에 믿음 없는 것이 겉으로 원망과 불평으로 드러난 것이다.

그러므로 그들이 가나안 땅에 들어가지 못하고 광야에서 죽게 된 근본 이유는 하나님을 믿지 못했다는 것이다.

믿음이 있는 사람은 순간적으로 실수하고 잘못을 했더라도 결국 돌이키고 회개하게 된다. 그러나 광야에서 죽은 이스라엘 백성은 믿음이 없었기 때문에 회개하지도 못했다. 사람의 중심을 보시는 하나님이 이스라엘 백성의 중심에 믿음이 없다는 것을 보셨다.

② 회개의 기회

하나님은 원망 불평하고 범죄한 출애굽 1세대 이스라엘 백성을 즉시 멸망시키지 않고 광야 40년의 기간을 주신 것은 하나님의 은혜라고 할 수 있다. 그 40년이라는 기간에는 하나님을 신뢰하면서 회개하고 돌이키기를 바라는 하나님의 뜻이 포함되어 있었다. 안타깝게도 광야 40년 동안 1세대는 회개하지 못하고 결국 광야에서 죽었다. 그렇지만 광야 40년은 당시 20세 이하였던 세대와 새로 태어난 세대가 자라는 기간이기도 했다.

> **민수기 14:31-33** 너희가 사로잡히겠다고 말하던 너희의 유아들은 내가 인도하여 들이리니 그들은 너희가 싫어하던 땅을 보려니와 너희의 시체는 이 광야에 엎드러질 것이요 너희의 자녀들은 너희 반역한 죄를 지고 너희의 시체가 광야에서 소멸되기까지 사십 년을 광야에서 방황하는 자가 되리라

결국 출애굽 1세대와 40년 후 2세대의 인구 숫자가 서로 비슷한 결과가 되었다.

> **(출애굽 1세대) 민수기 1:45-46** 이같이 이스라엘 자손이 그 조상의 가문을 따라 이십 세 이상으로 싸움에 나갈 만한 이스라엘 자손이 다 계수되었으니 계수된 자의 총계는 육십만 삼천오백오십 명이었더라

> **(출애굽 2세대) 민수기 26:2, 51** 이스라엘 자손의 온 회중의 총수를 그들의 조상의 가문을 따라 조사하되 이스라엘 중에 이십 세 이상으로 능히 전쟁에 나갈 만한 모든 자를 계수하라 하시니…이스라엘 자손의 계수된 자가 육십만 천칠백삼십 명이었더라

출애굽 1세대 중에 오직 하나님을 신뢰한 여호수아와 갈렙은 가나안 땅에 들어갈 수 있었다.

**민수기 26:63-65** 이는 모세와 제사장 엘르아살이 계수한 자라 그들이 여리고 맞은편 요단 가 모압 평지에서 이스라엘 자손을 계수한 중에는 모세와 제사장 아론이 시내 광야에서 계수한 이스라엘 자손은 한 사람도 들지 못하였으니 이는 여호와께서 그들에게 대하여 말씀하시기를 그들이 반드시 광야에서 죽으리라 하셨음이라 이러므로 여분네의 아들 갈렙과 눈의 아들 여호수아 외에는 한 사람도 남지 아니하였더라

요한계시록에서는 시내 산 언약의 원리가 천국에 들어갈 때에도 유지된다는 것을 보여 준다.

**요한계시록 21:6-8** 또 내게 말씀하시되 이루었도다 나는 알파와 오메가요 처음과 마지막이라 내가 생명수 샘물을 목마른 자에게 값 없이 주리니 이기는 자는 이것들을 상속으로 받으리라 나는 그의 하나님이 되고 그는 내 아들이 되리라 그러나 두려워하는 자들과 믿지 아니하는 자들과 흉악한 자들과 살인자들과 음행하는 자들과 점술가들과 우상 숭배자들과 거짓말하는 모든 자들은 불과 유황으로 타는 못에 던져지리니 이것이 둘째 사망이라

7절에서 보여 주는 바와 같이 천국에 들어갈 때에도 '나는 너희의 하나님, 너희는 나의 백성 또는 아들'이라는 하나님과의 관계를 유지

하게 된다.

'이기는 자'를 시내 산 언약과 관련해서 보면 '언약을 지키는 자'로 해석할 수 있다. 언약을 지켜서 하나님과의 관계를 유지하는 사람이 천국에 들어가게 된다는 것을 보여 준다.

천국에 들어가지 못하고 불과 유황으로 타는 못 즉 둘째 사망에 던져지는 사람들의 특징이 나온다. 8절에 나오는 항목들은 십계명 수준을 어긴 것을 나타낸다. 최저선인 십계명을 어기면서 살아가는 사람들은 결국 믿음이 없는 사람들이다. 마음속에 하나님에 대한 믿음이 없기 때문에 겉으로 십계명을 어기는 행위가 나타나게 된다. 하나님을 믿지 않기 때문에 하나님이 주신 십계명을 어기면서도 회개하지 않았다.

실제로 하나님을 믿는 사람은 하나님이 주신 십계명 수준의 조항들을 고의적으로 지속적으로 회개 없이 범하지는 않는다.

# 제2장

# 모압 언약과 쉐마 공식

모압 언약은 이스라엘 백성의 광야 생활 40년 후 출애굽 2세대와 맺은 언약이다. 하나님은 모압 언약을 맺으면서 쉐마 공식을 알려 주셨다. 쉐마 공식은 십계명을 지키기 위한 방법이다. 이스라엘 백성이 언약 백성으로 살아가려면 쉐마 공식의 원리를 따라야 한다. 쉐마 공식에는 4단계가 있다.

출애굽 후 이스라엘 백성은 시내 산에서 약 1년 동안 머물면서 크게 세 가지 일을 했다.

첫째, 시내 산 언약을 체결했다. 둘째, 성막을 만들었다. 셋째, 군대 진영을 조직했다.

### (1) 심판 군대

이스라엘 백성이 군대 진영으로 조직되는 내용은 민수기 2장에 기록되어 있다.

성막을 중심으로 세 지파씩 나누어 동서남북으로 배치하였다. 동쪽에는 제1대로서 유다 지파를 대표로 하고, 잇사갈 지파와 스불론 지파가 함께 배치되었다. 남쪽에는 제2대로서 르우벤 지파를 대표로 하고, 시므온 지파와 갓 지파가 함께 배치되었다. 서쪽에는 제3대로서 에브라임 지파를 대표로 하고, 므낫세 지파와 베냐민 지파가 함께 배치되었다. 북쪽에는 제4대로서 단 지파를 대표로 하고, 아셀 지파와 납달리 지파가 함께 배치되었다.

출애굽 할 때 이스라엘 백성 중에 20세 이상 장정 60만 명은 가나안 땅을 정복해야 하는 군인들이다. 하나님은 이스라엘 군대를 애굽에서 인도해 내었다고 말씀하셨다.

**출애굽기 12:37**  이스라엘 자손이 라암셋을 떠나서 숙곳에 이르니 유아 외에 보행하는 장정이 육십만 가량이요

**출애굽기 12:17**  너희는 무교절을 지키라 이날에 내가 너희 군대를 애굽 땅에서 인도하여 내었음이니라

그러나 하나님의 계획과 기대와는 다른 결과가 나왔다. 가나안 땅을 정복하는 군인 역할을 해야 하는 출애굽 1세대가 모두 광야에서 죽고 말았다.

**여호수아 5:4**  애굽에서 나온 모든 백성 중 남자 곧 모든 군사는 애굽에서 나온 후 광야 길에서 죽었는데

이스라엘 백성은 출애굽 1년 3개월 만에 가나안 땅에 들어갈 수 있는 기회가 있었다. 가나안 땅에 가까운 가데스 바네아에 도착한 후 곧바로 가나안 땅을 정복할 수도 있었다. 그러나 그들은 우선 가나안 땅을 정탐하자고 제안했다. 그래서 각 지파별 대표를 정해서 12명이 40일 동안 정탐했다.

그런데 12명의 정탐꾼들 중에 여호수아와 갈렙을 제외한 10명은 가나안 땅의 원주민들이 너무 강하기 때문에 정복할 수 없다고 보고했다. 백성들이 이들의 보고를 듣고는 하나님과 모세를 원망하고 불평했다. 애굽으로 돌아가려 했다. 결국 그들은 하나님을 불신한 것이다.

하나님은 그들을 통해서는 더 이상 가나안 땅 정복에 대한 기대를 할 수 없게 되었다. 그 결과 출애굽 1세대 군인들은 모두 광야 40년 동안 소멸되었다.

**민수기 14:33-34**  너희의 시체가 광야에서 소멸되기까지 사십 년을 광야에서 방황하는 자가 되리라 너희는 그 땅을 정탐한 날 수인 사십 일의 하루를 일 년으로 쳐서 그 사십 년간 너희의 죄악을 담당할지니

가나안 땅을 정복할 것이라는 약속은 이미 약 700년 전 아브라함

에게 주신 것이었다.

하나님은 아브라함의 후손들이 애굽에 가서 400년 동안 거주하다가 돌아올 것이라고 약속하셨다. 그들이 돌아올 때는 가나안 땅의 족속의 죄악이 가득 찰 때라고 말씀하셨다. 죄악이 가득 차면 하나님은 심판하신다.

**창세기 15:13-14, 16** 네 자손이 이방에서 객이 되어 그들을 섬기겠고 그들은 사백 년 동안 네 자손을 괴롭히리니 그들이 섬기는 나라를 내가 징벌할지며 그 후에 네 자손이 큰 재물을 이끌고 나오리라…네 자손은 사대 만에 이 땅으로 돌아오리니 이는 아모리 족속의 죄악이 아직 가득 차지 아니함이니라

이스라엘 백성은 여호와의 군대로서 죄악이 가득한 가나안 땅 족속을 심판하는 심판 군대가 된다.

**출애굽기 12:40-41** 이스라엘 자손이 애굽에 거주한 지 사백삼십 년이라 사백삼십 년이 끝나는 그날에 여호와의 군대가 다 애굽 땅에서 나왔은즉

**신명기 9:5** 네가 가서 그 땅을 차지함은 네 공의로 말미암음도 아니며 네 마음이 정직함으로 말미암음도 아니요 이 민족들이 악함으로 말미암아 네 하나님 여호와께서 그들을 네 앞에서 쫓아내심이라 여호와께서 이같이 하심은 네 조상 아브라함과 이삭과 야곱에게 하

신 맹세를 이루려 하심이니라

이것이 가나안 정복 전쟁이 완전히 진멸하는 '헤렘 전쟁'인 이유다.

**신명기 7:1-2** 네 하나님 여호와께서 너를 인도하사 네가 가서 차지할 땅으로 들이시고 네 앞에서 여러 민족 헷 족속과 기르가스 족속과 아모리 족속과 가나안 족속과 브리스 족속과 히위 족속과 여부스 족속 곧 너보다 많고 힘이 센 일곱 족속을 쫓아내실 때에 네 하나님 여호와께서 그들을 네게 넘겨 네게 치게 하시리니 그때에 너는 그들을 진멸할 것이라

하나님의 심판을 대신해서 이스라엘 군대가 심판하도록 하셨다. 하나님의 계획은 이스라엘 백성이 가나안 땅을 단순히 정복해서 차지하는 것이 아니라 심판해서 차지하는 것이다.

하나님은 죄악이 있더라도 회개할 시간과 기회를 주신다. 그러나 회개하지 않고 죄악이 가득 찰 때는 진멸하는 심판을 하신다. 노아 때는 홍수로 심판하셨다. 소돔 고모라 성에 대해서는 불과 유황으로 심판하셨다. 가나안 땅에 대해서는 이스라엘 군대를 동원해서 심판하셨다.

가나안 땅의 죄악이 가득 찼을 때와 애굽에서 이스라엘 백성이 중노동에 힘들어 하나님께 부르짖었을 때가 동일한 시기였다. 때마침 이스라엘 백성이 출애굽 해서 가나안 땅 족속을 심판할 도구로

쓰임 받을 상황이 되었던 것이다.

### (2) 모압 언약의 특징

하나님은 이스라엘 백성과 언약을 체결하면서 십계명을 주셨다. 십계명은 성경에 두 번 기록되었다. 출애굽기 20장과 신명기 5장이다. 출애굽기에는 시내 산 언약이 기록되었고, 신명기에는 모압 언약이 기록되었다.

> **신명기 29:1** 호렙에서 이스라엘 자손과 세우신 언약 외에 여호와께서 모세에게 명령하여 모압 땅에서 그들과 세우신 언약의 말씀은 이러하니라

시내 산 언약은 이스라엘 백성이 출애굽을 한 후 시내 산(호렙 산)에서 약 1년 머무는 동안 하나님이 그들과 맺은 언약이다. 출애굽 1세대와 맺은 언약이다.

모압 언약은 이스라엘 백성의 40년 광야 생활이 끝난 후 가나안 땅에 들어가기 직전에 모압 평지에서 맺은 언약이다. 출애굽 2세대와 맺은 언약이다.

시내 산 언약과 모압 언약 사이에는 40년의 시간 차이가 난다.

모세오경 중에 마지막 책인 신명기는 출애굽 2세대에게 주는 교

훈의 말씀이 기록되어 있다. 모세는 출애굽 사건과 시내 산 언약의 경험이 없는 출애굽 2세대에게 다시 한 번 과거에 있었던 사건들을 설명하며 교훈한다. 그리고 모압 언약을 체결한다. 구체적으로 말한다면 모압 언약은 완전히 새롭게 체결한 언약이라기보다는 시내 산 언약의 갱신이다.

그런데 모압 언약에는 시내 산 언약에는 없는 매우 중요한 특징이 있다. 십계명을 지키는 원리를 주셨다는 것이다.

시내 산 언약 때와는 다르게 모압 언약에서는 출애굽 2세대에게 십계명을 전한 후 곧바로 십계명을 지키는 원리까지 알려 주셨다. 출애굽 1세대가 시내 산 언약을 체결했지만 언약을 지키지 못해서 광야에서 소멸했기 때문이다. 출애굽 2세대가 또다시 이러한 잘못을 범하지 않도록 하기 위해 하나님은 십계명을 지키는 원리를 알려 주셨다.

신명기 5장에서 십계명을 주시고, 6장을 시작하면서 십계명을 잘 지키라고 당부의 말씀을 하신다.

> **신명기 6:1-3** 이는 곧 너희의 하나님 여호와께서 너희에게 가르치라고 명하신 명령과 규례와 법도라 너희가 건너가서 차지할 땅에서 행할 것이니 곧 너와 네 아들과 네 손자들이 평생에 네 하나님 여호와를 경외하며 내가 너희에게 명한 그 모든 규례와 명령을 지키게 하기 위한 것이며 또 네 날을 장구하게 하기 위한 것이라 이스라엘

아 듣고 삼가 그것을 행하라 그리하면 네가 복을 받고 네 조상들의 하나님 여호와께서 네게 허락하심같이 젖과 꿀이 흐르는 땅에서 네가 크게 번성하리라

하나님은 당부의 말씀을 하신 직후에 이어서 십계명을 지키는 원리를 알려 주신다.

**신명기 6:4-9** 이스라엘아 들으라 우리 하나님 여호와는 오직 유일한 여호와이시니 너는 마음을 다하고 뜻을 다하고 힘을 다하여 네 하나님 여호와를 사랑하라 오늘 내가 네게 명하는 이 말씀을 너는 마음에 새기고 네 자녀에게 부지런히 가르치며 집에 앉았을 때에든지 길을 갈 때에든지 누워 있을 때에든지 일어날 때에든지 이 말씀을 강론할 것이며 너는 또 그것을 네 손목에 매어 기호를 삼으며 네 미간에 붙여 표로 삼고 또 네 집 문설주와 바깥 문에 기록할지니라

이스라엘 백성이 하나님과의 언약 관계를 유지하기 위해서는 십계명을 지켜야 한다. 그리고 십계명을 올바로 지키기 위해서는 신명기 6장 4-9절을 따라야 한다.

하나님은 주의를 환기시키기 위해 '이스라엘아 들으라', 히브리어로 '쉐마 이스라엘'이라고 말씀하면서 그 이하의 말씀 내용을 강조하신다. 이렇게 말씀하시는 것은 신명기 6장 4-9절이 매우 중요하다는 것을 나타낸다. 언약을 체결해서 십계명을 받은 이스라엘 백성이 반드시 따라야 할 원리라는 뜻이다.

### (3) 쉐마 공식

신명기 6장 4-9절은 일반적으로 '쉐마'라고 일컬어진다. 쉐마는 자녀에게 성경을 가르치는 것, 부모의 신앙을 자녀에게 전수하는 것으로 알려져 있다. 그런데 신명기 6장 4-9절에는 더욱 중요한 의미가 담겨 있다. 율법을 지키는 원리가 그것이다. 자녀 신앙 교육은 율법을 지키는 원리 중에 한 가지 방법이다. 그래서 주로 자녀 신앙 교육의 방법을 의미하는 '쉐마'와 구분하기 위해 본서에서는 '쉐마 공식'이라 칭한다.

쉐마 공식이 하나님과 언약을 맺은 이스라엘 백성의 신앙 형성에 매우 중요한 역할을 한다. 이스라엘 백성이 언약을 지키는 것에 실패하고 멸망한 이유는, 미리 간단하게 말한다면 쉐마 공식의 원리를 따르지 않았기 때문이다.

쉐마 공식의 원리를 따르지 않았기 때문에 율법을 올바로 지키지 못했고 믿음이 발생하지 않았다. 따라서 하나님과의 관계에 심각한 문제가 발생했다. 쉐마 공식 원리를 따르면 율법을 올바로 지킬 수 있게 되고, 복음에 대한 믿음이 발생하고, 하나님과의 언약관계가 더욱 깊어지게 된다.

그러면 구체적으로 쉐마 공식은 무엇인가?

① 쉐마 공식 4단계

쉐마 공식에는 4단계가 들어 있다. 하나님 백성의 자격, 율법 지킴의 목표, 목표를 이루기 위한 방법, 자녀에게 전수이다.

쉐마 공식의 4단계는 이스라엘 백성이 새겨 들어야 하는 것이다. 하나님이 '이스라엘아 들으라'라고 말씀하신 것은 쉐마 공식의 4단계를 귀 기울여 듣고 따라야 한다는 뜻이다.

### ✤ 첫째 단계: 하나님 백성의 자격

"우리 하나님 여호와는 오직 유일한 여호와이시니"(4절).

하나님의 언약 백성은 여호와를 유일하신 하나님으로 믿는다. 여호와 하나님만이 참 신이라는 것을 인정한다. 따라서 이스라엘 백성은 하나님 외에 다른 신을 함께 섬기면 안 된다. 우상도 함께 섬기면 안 된다. 이것이 하나님의 언약 백성의 기본 자격이다.

> **열왕기하 17:38-39** 또 내가 너희와 세운 언약을 잊지 말며 다른 신들을 경외하지 말고 오직 너희 하나님 여호와만을 경외하라 그가 너희를 모든 원수의 손에서 건져 내리라

하나님의 언약 백성은 하나님과의 언약을 기억하고 여호와 하나님만을 섬겨야 한다.

## ❋ 둘째 단계: 율법 지킴의 목표

"너는 마음을 다하고 뜻을 다하고 힘을 다하여 네 하나님 여호와를 사랑하라"(5절).

언약 관계에 있는 여호와 하나님을 마음과 뜻과 힘을 다하여 사랑해야 한다. 다른 신을 함께 섬기지 않는다고 해서 하나님을 온 마음으로 사랑하는 것은 아니다. 다른 신을 섬기지 않더라도 하나님을 대충 섬길 수도 있다. 그렇기 때문에 하나님의 언약 백성은 마음과 뜻과 힘을 다하여 하나님을 사랑하는 것을 목표로 삼아야 한다.

예수님은 신약에서 구약 신명기의 쉐마 공식 구절을 인용하셨다.

> **마가복음 12:28-30** 서기관 중 한 사람이 그들이 변론하는 것을 듣고 예수께서 잘 대답하신 줄을 알고 나아와 묻되 모든 계명 중에 첫째가 무엇이니이까 예수께서 대답하시되 첫째는 이것이니 이스라엘아 들으라 주 곧 우리 하나님은 유일한 주시라 네 마음을 다하고 목숨을 다하고 뜻을 다하고 힘을 다하여 주 너의 하나님을 사랑하라 하신 것이요

예수님은 신명기 6장 4-5절에 나오는 쉐마 공식 제1,2단계의 계명이 모든 계명들 중에서 최고의 계명이라는 것을 인정하셨다. 즉 이스라엘 백성이 율법을 지키면서 목표로 삼아야 하는 것은 바로 이 계명이라는 것을 인정하신 것이다.

여기에 근거해서 언약 백성 이스라엘이 율법을 지킬 때 명심해야 할 것이 있다.

첫째, 율법 지킴의 방향이다.
하나님을 사랑하는 방향으로 초점을 맞추어야 한다. 율법 규정은 열심히 지키는데 하나님을 사랑하는 마음이 없다면 안 된다. 율법을 지키면 지킬수록 하나님을 사랑하는 마음이 더욱 더 풍성해져야 한다. 이것을 명심해야 한다.

둘째, 율법 지킴의 최종 목표다.
하나님을 위해 마음과 뜻과 힘을 다하고 목숨까지 바친다는 목표에까지 이르러야 한다. 이것을 명심해야 한다.

예수님은 율법 지킴의 방향과 목표를 분명하게 가르쳐 주셨다. 이러한 자세로 율법을 지킬 때 하나님과의 관계가 더욱 깊어진다. 이것이 언약 체결의 핵심이다.

예수님은 우리를 살리기 위해 목숨을 주셨기 때문에 우리도 예수님을 위해 목숨을 바칠 수 있어야 한다. 하나님과 우리의 언약 관계는 마음과 뜻과 힘을 다하여 사랑하는 관계이며, 더 나아가 목숨을 주고받는 관계다. 언약의 피 즉 생명의 피를 나누면서 맺은 언약 관계다.

**로마서 14:8-9**  우리가 살아도 주를 위하여 살고 죽어도 주를 위하여 죽나니 그러므로 사나 죽으나 우리가 주의 것이로다 이를 위하여 그리스도께서 죽었다가 다시 살아나셨으니 곧 죽은 자와 산 자의 주가 되려 하심이라

어떻게 하면 이토록 목숨까지 주고받는 놀라운 사랑을 할 수 있게 되는가? 하나님은 쉐마 공식의 셋째 단계에서 그 목표에 이르는 방법을 가르쳐주신다.

### ✽ 셋째 단계: 목표를 이루기 위한 방법

"오늘 내가 네게 명하는 이 말씀을 너는 마음에 새기고"(6절).

마음과 뜻과 힘을 다하여 하나님을 사랑하라는 목표를 이루는 것은 인간의 힘만으로는 불가능하다. 그래서 하나님은 그 목표를 이루기 위한 방법을 가르쳐 주셨다. 그것은 말씀 즉 율법을 우리의 마음에 새기는 것이다.

'마음에 새기다'라는 말은 우리가 흔히 사용하는 말로 표현하면 '명심(銘心)하다'라는 말이다. '명심하다'라는 말은 사전적으로 '잊지 않도록 마음에 깊이 새겨 두다'라는 뜻이다.

말씀을 마음에 새긴다는 것은 구체적으로 무엇을 의미하는가? 우선 하나님은 십계명을 돌판에 기록해서 모세에게 주셨다. 십계명을 구전 즉 입으로만 전해 주신 것이 아니라, 돌판에 문자로 새겨 기

록해서 전달하셨다.

**신명기 5:22**   그것을 두 돌판에 써서 내게 주셨느니라

그런데 십계명을 돌판에 문자로 기록해 주시는 것으로 끝나지 않는다. 다음 단계로 돌판에 기록된 십계명을 마음에 기록해야 한다.

**신명기 11:1, 18-20, 32**   그런즉 네 하나님 여호와를 사랑하여 그가 주신 책무와 법도와 규례와 명령을 항상 지키라…이러므로 너희는 나의 이 말을 너희의 마음과 뜻에 두고 또 그것을 너희의 손목에 매어 기호를 삼고 너희 미간에 붙여 표를 삼으며 또 그것을 너희의 자녀에게 가르치며 집에 앉아 있을 때에든지, 길을 갈 때에든지, 누워 있을 때에든지, 일어날 때에든지 이 말씀을 강론하고 또 네 집 문설주와 바깥 문에 기록하라…내가 오늘 너희 앞에 베푸는 모든 규례와 법도를 너희는 지켜 행할지니라

위의 구절은 신명기 6장에 나온 쉐마 공식을 11장에서 다시 한번 부분적으로 말씀하신 것이다. 즉 돌판에 문자로 새겨 주신 십계명을 비롯한 율법 그리고 모세를 통해 주신 하나님의 말씀을 마음에 넣어 두라는 것이다.

어떻게 십계명과 말씀을 우리 마음에 넣어 둘 수 있는가? 우리가 돌판에 기록한 십계명을 보고 듣고 읽음으로 마음에 담아 놓는다. 그러면 어떤 일이 발생하는가?

**고린도후서 3:3** 너희는 우리로 말미암아 나타난 그리스도의 편지니 이는 먹으로 쓴 것이 아니요 오직 살아 계신 하나님의 영으로 쓴 것이며 또 돌판에 쓴 것이 아니요 오직 육의 마음판에 쓴 것이라

우리가 십계명을 보고 듣고 읽음으로 마음에 담아 놓으면, 성령께서 십계명을 우리의 마음판에 새겨 주신다. 하나님이 모세에게 십계명을 돌판에 새겨 주셨듯이, 성령께서 우리의 마음판에 새겨 주신다. 마음판에 새겨 주신다는 것은 성령께서 십계명을 깨닫게 해주시고 믿게 해주신다는 뜻이다.

성령께서 우리 마음속에 역사하심으로써 우리가 십계명을 깨닫게 되면 우리에게 십계명을 실천할 수 있는 믿음과 능력이 발생한다. 이렇게 될 때 우리는 십계명을 마음속에서 믿음으로 출발해서 몸으로 실천할 수 있다.

요약하면 다음과 같다.
첫째, 우리의 역할은 십계명을 보고 듣고 읽음으로 마음에 담아 놓는 것이다.
둘째, 성령의 역할은 십계명을 깨닫게 해주셔서 우리 마음에 믿음이 발생하게 하는 것이다.
셋째, 우리의 역할은 십계명을 실천하는 것이다.

따라서 쉐마 공식에서 '마음에 새기라'는 명령에는 단순히 머릿속에 기억하고 외우라는 의미를 넘어서서 훨씬 더 중요한 의미가 담겨

있다. 즉 말씀을 마음에 새김으로써 말씀에 대한 깨달음과 믿음이 발생한다는 것이다. 성령께서 역사하셔서 우리 마음속에 깨달음과 믿음을 발생시키신다.

이것이 쉐마 공식에서 '마음에 새기라'고 명령하신 중요한 이유다.

유대인들은 율법을 머릿속에 기억하고 외우는 것에는 많은 관심을 가졌지만, 율법을 마음속에 담아 두어 성령께서 깨닫게 하시는 것에는 관심을 두지 않았다.

**사도행전 13:26-27** 형제들아 아브라함의 후손과 너희 중 하나님을 경외하는 사람들아 이 구원의 말씀을 우리에게 보내셨거늘 예루살렘에 사는 자들과 그들 관리들이 예수와 및 안식일마다 외우는 바 선지자들의 말을 알지 못하므로 예수를 정죄하여 선지자들의 말을 응하게 하였도다

유대인들은 선지자들을 통해 주신 구원의 말씀을 기억하고 외우기는 했지만 깨닫지는 못했다. 깨닫지 못했기 때문에 믿음이 발생하지 않았다. 믿음이 발생하지 않았기 때문에 예수님을 믿지 못하고 십자가에 못 박아 죽이기까지 한 것이다.

유대인들의 결정적인 문제는 율법을 지킬 때 마음과 성령의 역할을 중요하게 여기지 않았다는 것이다. 율법을 마음에 새겨서 성령의 도우심을 구하고 기다려야 했는데, 그들은 그렇게 하지 못했다.

그들이 율법을 모르거나 율법에 대한 열심이 없어서 예수님을 십자가에 못 박아 죽인 것이 아니다. 율법을 외우기까지 했지만 '마음에 새기라'는 올바른 방법을 따르지 않았기 때문에 그런 결과를 초래한 것이다.

모세는 신명기에서 출애굽 2세대에게 깨닫는 마음이 어떤 것인지에 관해 설명한다.

> **신명기 29:2-6** 모세가 온 이스라엘을 소집하고 그들에게 이르되 여호와께서 애굽 땅에서 너희의 목전에 바로와 그의 모든 신하와 그의 온 땅에 행하신 모든 일을 너희가 보았나니 곧 그 큰 시험과 이적과 큰 기사를 네 눈으로 보았느니라 그러나 깨닫는 마음과 보는 눈과 듣는 귀는 오늘 여호와께서 너희에게 주지 아니하셨느니라 주께서 사십 년 동안 너희를 광야에서 인도하게 하셨거니와 너희 몸의 옷이 낡아지지 아니하였고 너희 발의 신이 해어지지 아니하였으며 너희에게 떡도 먹지 못하며 포도주나 독주를 마시지 못하게 하셨음은 주는 너희의 하나님 여호와이신 줄을 알게 하려 하심이니라

출애굽 1세대는 하나님이 애굽에서 행하신 기적과 홍해를 건넌 것과 광야에서 만나와 메추라기와 물을 먹이신 것을 직접 경험했다. 그러나 그들의 마음에는 깨달음이 없었다. 하나님이 행하신 기적들을 마음에 새기지 못했기 때문이다. 그래서 그들은 하나님께 대한 믿음을 갖지 못하고 원망과 불평을 했다.

그들이 하나님의 기적들을 마음에 새기고 그들의 마음에 깨달음이 있었다면 그들은 광야의 힘든 생활 배후에서 역사하시는 하나님을 알았을 것이다. 그들은 자신들의 하나님을 신뢰하고 하나님에 대한 믿음을 가졌을 것이다. 안타깝게도 그들은 하나님이 행하신 일을 마음에 새기지 못하고 믿음을 지니지 못해서 결국 광야에서 소멸하고 말았다.

그렇기 때문에 마음에 새기라는 명령이 쉐마 공식의 여러 단계 중에서도 매우 중요한 역할을 한다. 구약시대에도 성령께서 사람의 마음에 깨달음을 주신다.

**욥기 32:8** 사람의 속에는 영이 있고 전능자의 숨결이 사람에게 깨달음을 주시나니

구약시대에 이스라엘 백성이 율법을 지킬 때 '마음에 새기라'는 올바른 방법을 따라가면 성령께서 역사하셔서 깨닫게 하시고 믿음을 일으키신다.

### ❋ 넷째 단계: 자녀에게 전수

"네 자녀에게 부지런히 가르치며"(7절).

부모가 자기 자신을 위해 쉐마 공식의 앞선 3단계를 수행한 후 마지막 4번째 단계에서 자녀에게 이행한다. 부모의 신앙을 자녀에게

전수한다. 부모가 배우고 깨닫고 체험한 것을 자녀에게 가르쳐 준다. 부모가 가정에서 자녀에게 신앙을 가르치는 것은 교사가 학교에서 학생에게 단순히 지식을 가르치는 것과는 차원이 다르다.

교사는 학생에게 주로 이론적인 지식을 전달한다. 그러나 부모는 지식만 전달하는 것이 아니라 깨달음과 체험까지 전수한다. 율법 규정만을 가르치는 것이 아니라 성령의 깨닫게 하심과 하나님 신앙 체험도 자녀에게 가르쳐 준다.

이것이 가정에서 이루어지는 수직 전도다.

> **고린도전서 4:14-16** 내가 너희를 부끄럽게 하려고 이것을 쓰는 것이 아니라 오직 너희를 내 사랑하는 자녀같이 권하려 하는 것이라 그리스도 안에서 일만 스승이 있으되 아버지는 많지 아니하니 그리스도 예수 안에서 내가 복음으로써 너희를 낳았음이라 그러므로 내가 너희에게 권하노니 너희는 나를 본받는 자가 되라

가정에서 이루어지는 신앙 교육은 일반 학교에서처럼 지식을 전달하는 것만으로는 부족하다. 부모가 자녀에게 삶으로 가르쳐 주어야 한다. 부모가 먼저 모범을 보이고 자녀들이 부모를 본받게 해야 한다. 이것이 가정에서 이루어지는 신앙 교육이다.

쉐마 공식의 4단계를 올바르게 수행하면 세대를 거쳐 하나님이 지시하신 대로 율법을 지킬 수 있게 된다. 그래서 대를 이어 하나님

의 은혜와 축복 속에 살아갈 수 있다.

> **신명기 6:2** 너와 네 아들과 네 손자들이 평생에 네 하나님 여호와를 경외하며 내가 너희에게 명한 그 모든 규례와 명령을 지키게 하기 위한 것이며 또 네 날을 장구하게 하기 위한 것이라

② **지혜와 지식**

쉐마 공식의 원리는 하나님이 언약 관계에 있는 이스라엘 백성에게 주신 **특별한 지혜와 지식**이다.

> **신명기 4:5-6** 내가 나의 하나님 여호와께서 명령하신 대로 규례와 법도를 너희에게 가르쳤나니 이는 너희가 들어가서 기업으로 차지할 땅에서 그대로 행하게 하려 함인즉 너희는 지켜 행하라 이것이 여러 민족 앞에서 너희의 지혜요 너희의 지식이라 그들이 이 모든 규례를 듣고 이르기를 이 큰 나라 사람은 과연 지혜와 지식이 있는 백성이로다 하리라

하나님이 주신 율법을 하나님이 가르쳐 주신 쉐마 공식 원리에 따라 지켜 행하는 것이 언약 백성의 지혜와 지식이다. 이것은 세상에서 얻는 인간적인 지혜와 지식과는 차원이 다르다.

다른 민족들이 쉐마 공식의 원리를 따르는 이스라엘 민족을 칭찬하고 지혜와 지식이 있는 민족으로 인정하게 될 것이라고 이미 구약

신명기에서 예고하고 있다.

쉐마 공식의 원리는 십계명을 비롯한 율법뿐만 아니라 예언의 말씀들에도 그대로 적용된다. 예를 들면, 이스라엘 백성이 선지서와 시편 등 구약성경에 기록된 메시아에 관한 예언의 말씀을 마음에 새기면 성령께서 그 말씀을 깨닫게 하셔서 메시아를 믿게 하신다.

**로마서 1:2**   이 복음은 하나님이 선지자들을 통하여 그의 아들에 관하여 성경에 미리 약속하신 것이라

이처럼 쉐마 공식의 원리는 단순히 삶을 위한 지혜와 지식만이 아니라, 구원을 위한 지혜와 지식이다.

오늘날 유대인들에게는 쉐마 공식의 원리가 삶을 위한 지혜와 지식이 되고 있다. 그래서 이스라엘 민족이 세계의 다른 민족들로부터 뛰어난 민족이라고 인정을 받고 있다. 그러나 대부분 유대인들에게 구원을 위한 지혜와 지식으로는 적용되지 않고 있다.

유대인들은 율법을 열심히 지키는데 왜 구원에서는 제외되는 일이 발생하는가? 유대인들이 쉐마 공식에서 제3단계를 무시해서 말씀을 마음에 새기는 것에 중요성을 두지 않기 때문이다.

유대인들은 율법을 머리로 외우지만 마음에는 담아 두지 않기 때문에 성령께서 역사하시지 않는다. 따라서 깨달음과 믿음이 생기

지 않는다. 그들은 마음속에 일어나는 깨달음과 믿음을 놓치고 겉으로 율법 규정을 열심히 지키고 있다. 그래서 그들은 하나님의 율법을 지키려고 애를 쓰지만 대부분 예수님을 믿는 것에는 실패하고 있다.

이것이 유대인들의 근본 문제다.

# 제3장

# 지켜 행하라

하나님은 율법을 지켜 행하라고 명령하셨다. '지키다'라는 단어에는 두 가지 중요한 의미가 포함되어 있다. 첫째는 간직한다는 의미이다. 율법을 실천하려면 우선 마음에 간직해야 한다. 마음에 간직하는 이유는 마음속에 성령께서 역사하셔서 율법을 깨닫게 하시고 행할 수 있는 능력을 주시기 때문이다. 둘째는 준수한다는 의미이다. 율법 규정에 따라 살아가야 한다.

(I) 지킴의 의미

**신명기 26:16** 오늘 네 하나님 여호와께서 이 규례와 법도를 행하라고 네게 명령하시나니 그런즉 너는 마음을 다하고 뜻을 다하여 지켜 행하라

**레위기 18:4** 너희는 내 법도를 따르며 내 규례를 지켜 그대로

행하라

'지켜 행하라'는 명령이 모세오경, 특히 신명기에 반복해서 나온다. 율법을 실천할 때는 그냥 행하는 것이 아니라 지켜 행해야 한다는 것이다.

'지켜 행하라'는 '지키다'와 '행하다'라는 두 단어로 구성되어 있다.

'지키다'라는 말의 뜻은 다음과 같다. 첫째, '보호하다, 그대로 간직하다'라는 뜻이다. 예를 들면, 집을 지킨다, 나라를 지킨다 등이다. 둘째, '준수하다, 따르다'라는 뜻이다. 예를 들면, 시간을 지킨다, 교통규칙을 지킨다 등이다. 따라서 '지키다'라는 단어에는 '지켜 행하다'라는 의미가 들어 있다. 결국 '지키다'라는 말과 '지켜 행하다'라는 말은 같은 뜻이다.

'지켜 행하라'는 명령에는 단순히 '그대로 행하라'는 말보다 더 깊은 의미가 담겨 있다.

그러면 어떻게 십계명을 비롯한 율법을 지켜 행할 수 있을까?

첫째, 율법을 간직한다. 우선 십계명 돌판과 율법을 기록한 책을 간직한다. 언약궤 안에 보관한다. 십계명과 율법의 문구가 손상되지 않도록 보호한다. 기록된 문자를 원형 그대로 보존한다.

**신명기 4:2**  내가 너희에게 명령하는 말을 너희는 가감하지 말고 내가 너희에게 내리는 너희 하나님 여호와의 명령을 지키라

**요한계시록 22:18-19**  내가 이 두루마리의 예언의 말씀을 듣는 모든 사람에게 증언하노니 만일 누구든지 이것들 외에 더하면 하나님이 이 두루마리에 기록된 재앙들을 그에게 더하실 것이요 만일 누구든지 이 두루마리의 예언의 말씀에서 제하여 버리면 하나님이 이 두루마리에 기록된 생명나무와 및 거룩한 성에 참여함을 제하여 버리시리라

다음으로 기록된 십계명과 율법을 보고 듣고 읽음으로 마음에 넣어 간직한다. 자기 생각대로 더하거나 빼지 않고 그리고 왜곡하지 않고 원형 그대로 마음에 담아둔다.

**잠언 4:21**  그것을 네 눈에서 떠나게 하지 말며 네 마음속에 지키라

**누가복음 8:15**  좋은 땅에 있다는 것은 착하고 좋은 마음으로(마음 안에) 말씀을 듣고 지키어 인내로 결실하는 자니라

위의 구절에서 보는 것처럼 솔로몬도 잠언에서 자녀들에게 말씀을 마음속에 간직하라고 권유했고, 예수님도 씨 뿌리는 비유에서 말씀을 마음에 간직하라고 말씀하셨다. 구약에서나 신약에서나 말씀을 마음속에 지키라 즉 간직하라고 명령한다.

이러한 것은 쉐마 공식에서 제3단계인 '말씀을 마음에 새기라'는 명령과 상통한다. 이때 중요한 것은 말씀을 단순히 기억하고 외우는 것이 아니라, 말씀을 마음에 간직한 후에 성령께서 역사하시도록 도움을 구하면서 기다리는 것이다.

둘째, 성령께서 마음에 역사하셔서 율법을 깨닫게 하신다. 성령께서 깨달음을 주시면 우리에게 율법을 실천하고 싶은 의욕과 믿음 그리고 능력이 발생한다.

셋째, 율법을 실천한다. 우리가 마음에 담아 둔 율법을 성령께서 깨닫게 해주실 때 우리가 실천할 수 있다. 성령께서 우리 마음속에 역사하셔서 우리로 하여금 실천하게 하신다.

(2) 지킴의 중요성

다음 구절은 우리가 스스로 수행하기에 어려운 명령이다. 어떤 방식으로 실천할 수 있는가?

> **신명기 10:12, 16**  이스라엘아 네 하나님 여호와께서 네게 요구하시는 것이 무엇이냐 곧 네 하나님 여호와를 경외하여 그의 모든 도를 행하고 그를 사랑하며 마음을 다하고 뜻을 다하여 네 하나님 여호와를 섬기고…그러므로 너희는 마음에 할례를 행하고 다시는 목을 곧게 하지 말라

우리가 스스로 마음을 다하고 뜻을 다하여 하나님을 섬길 수 있는가? 또한 마음에 할례를 행할 수 있는가?

우리 인간의 능력으로는 이 명령을 수행할 수 없다. 그런데 하나님이 명령하실 때는 반드시 우리가 지킬 수 있는 길을 마련해 놓으신다.

**신명기 30:6** 네 하나님 여호와께서 네 마음과 네 자손의 마음에 할례를 베푸사 너로 마음을 다하며 뜻을 다하여 네 하나님 여호와를 사랑하게 하사 너로 생명을 얻게 하실 것이며

결국 하나님이 할 수 있게 해주신다. 하나님이 우리를 도와주셔서 하나님이 주신 명령을 수행할 수 있게 하신다. 어떤 과정을 통해 우리가 수행할 수 있게 해주시는가?

우리는 율법 규정을 마음에 간직한다. 성령께서 역사하시도록 묵상하며 기도한다. 성령께서 깨닫게 하시면서 믿음을 주시고 능력을 주신다. 성령 하나님께서 마음에 할례를 베풀어 주시고, 마음을 다하며 뜻을 다하여 여호와 하나님을 사랑하게 하신다. 성령께서 우리가 율법을 실천할 수 있도록 인도해 주신다.

여기서 살펴보아야 할 중요한 것이 있다. 우리가 율법을 실천할 때는 그냥 몸으로 행하는 것만이 아니다. 몸으로 행하기 전에 반드시 마음속의 과정이 필요하다. '지키라' 또는 '지켜 행하라'는 명령을 수행할 때는 반드시 마음속에서 성령의 역사를 거쳐 가게 되어 있다.

왜 말씀을 지켜 행할 때 마음속에서 성령의 역사를 거쳐야 하는가? 성령께서 우리 마음속에 역사하셔서 말씀을 깨닫게 하시고 믿음을 주시기 때문이다.

말씀에 대한 깨달음과 믿음은 마음속에서의 작용이며, 성령의 역사를 통해 가능하다. 이러한 과정을 통해 우리 마음속에 믿음이 발생한다. 우리 마음속에서 성령께서 말씀을 통해 역사하실 때 말씀에 대한 믿음이 발생한다. 그렇기 때문에 하나님은 우리가 율법이나 말씀을 실천할 때 이처럼 마음속에서의 지킴의 과정을 거치도록 하신다.

하나님은 우리가 그냥 몸으로만 행하는 것을 원치 않으신다. 그래서 율법 규정을 그냥 행하라고 명령하지 않고, 율법을 지켜 행하라고 명령하신다. 하나님은 우리가 율법을 실천할 때에는 마음으로부터 믿음을 갖고 실천하기를 원하신다.

### (3) 인격적인 관계

왜 하나님은 우리가 마음으로부터 믿음으로 율법을 실천하기를 원하시는가?

하나님과의 인격적인 관계가 중요하기 때문이다. 마음으로부터 믿음으로 실천하면 하나님과의 관계가 좋아진다. 성령과 말씀의 역사를 체험하면서 하나님의 마음과 우리의 마음이 통하게 된다. 반면에 그냥 몸으로만 행하면 하나님과의 인격적인 관계와는 상관없이 율법 규정만을 몸으로 실천하는 셈이다.

그냥 몸으로만 행하는 수준의 관계는 형식적인 관계에 불과하다. 하나님과의 관계는 마음으로부터 믿음으로 관계를 맺는 인격적인 관계를 의미한다. 따라서 하나님과 언약을 맺는다는 것은 특별히 하나님과 인격적인 관계에 들어간다는 것이다. 우상이나 다른 신을 섬기는 것은 인격적인 관계에 의한 것이 아니다.

시내 산 언약에서 살펴본 것처럼, 언약의 부칙인 십계명을 지키는 것도 중요하지만 언약의 핵심인 하나님과의 관계가 좋아지는 것이 더 우선적이고 중요하다. 우리가 계명들을 지킬 때는 하나님과의 인격적인 관계가 좋아지는 방향에 초점을 맞추어 지켜야 한다.

### (4) 말씀 체험 신앙

율법을 실천하려 할 경우에는 우선 율법을 마음에 간직하는 것이 중요하다.

**신명기 30:11, 14** 내가 오늘 네게 명령한 이 명령은 네게 어려운 것도 아니요 먼 것도 아니라…오직 그 말씀이 네게 매우 가까워서 네 입에 있으며 네 마음에 있은즉 네가 이를 행할 수 있느니라

말씀이 마음에 있다는 것을 구체적으로 말하면, 말씀을 보고 듣고 읽음으로 마음에 간직하고 있다는 뜻이다. 마음에 간직한 말씀

에 성령께서 역사하시면 우리가 지켜 행할 수 있게 된다. 우리가 말씀을 믿음으로 실천할 수 있게 된다.

이웃에 관한 예를 들어 보자. "원수를 갚지 말며 동포를 원망하지 말며 네 이웃 사랑하기를 네 자신과 같이 사랑하라"(레 19:18)는 말씀을 어떻게 실천할 수 있는가?

나 자신이 원수를 미워해서 현재는 사랑하지 못하더라도 그 말씀을 마음속에 넣어 둘 수는 있다. 그 말씀을 가감하거나 왜곡하지 않고 기록되어 있는 그대로 마음에 간직한다. 원수를 피한다거나 반쯤만 사랑하는 것이 아니라 그 말씀을 그대로 마음에 품고 묵상하면서 하나님께 도와 달라고 기도한다.

이렇게 계속 하는 동안 성령께서 역사하셔서 나에게 원수를 사랑할 수 있는 마음이 생기기 시작한다. 사랑하는 마음이 일어남에 따라 실천한다. 이런 과정을 반복하는 동안 마침내 내가 원수를 사랑할 수 있게 된다.

성령께서 나의 마음속에 역사하시지 않으면 나는 억지로 마지못해서 원수를 사랑하게 된다. 이런 상황에서는 사랑하면 할수록 우리 내면에 스트레스가 쌓인다.

하나님이 나에게 원수를 사랑하라고 명령한 것은 내가 마음속에서부터 사랑하라는 의미이다. 따라서 성령의 도우심이 필요하다. 성령께서 도와주시면 스트레스를 받지 않고 기쁨으로 사랑할 수 있게 된다. 이렇게 될 때 하나님의 말씀은 나에게 살아서 역사하는 말씀으로 체험된다.

이것이 말씀 체험 신앙이다.

모든 성경은 하나님의 감동으로 기록된 하나님의 말씀이지만, 그 말씀이 나 개인에게 체험되지 않으면, 적어도 나에게는 아직 단순히 문자로 기록된 말씀으로 머물러 있을 뿐이다. 말씀을 마음에 새겨 그 말씀이 나에게 체험되면 그 말씀에 대한 깨달음과 믿음이 생기는 것이다. 이렇게 될 때 말씀이 실제적으로 내 삶에 살아서 역사한다.

이런 과정을 통해 전체 성경말씀이 이론적으로나 추상적으로가 아니라 실제적으로 믿어지게 된다. 이와 같이 말씀을 체험하기 위해서는 지켜 행하는 원리가 중요한 역할을 한다.

(5) 온 맘으로 사랑하는 길

지켜 행하는 원리를 따라가면 단순히 말씀을 깨닫고 실천하는 것만이 아니라 하나님과 더욱 친밀해지는 길이 열린다. 말씀을 실천하면서 하나님과의 인격적인 관계가 더욱 좋아진다. 어떻게 이런 일이 가능한가?

나 자신의 힘으로는 안 되었는데 성령의 역사를 통해 하나님께서 도우시므로 원수까지도 사랑할 수 있게 되는 것이다. 그러면서 하나님을 더욱 의지하게 된다. 하나님께 감사하는 마음이 생긴다. 이러한 원리에 따라 율법을 지키면 우리의 신앙이 하나님과 인격적으로 가까워지는 방향으로 나아가게 된다. 율법을 지키면 지킬수록 하나님을 더욱 사랑하게 된다.

결국에는 마음과 뜻과 힘을 다하여 하나님을 사랑하라는 최고의 계명을 실천할 수 있는 길이 열린다. 이것은 지켜 행하는 원리 때문에 가능하다.

지켜 행하는 원리에 따라 율법을 지키는 것은 단순히 율법 규정을 실천하는 것만이 아니라 신앙의 핵심을 붙잡는 길이다. 하나님을 믿게 되고, 하나님을 사랑하게 되고, 그리고 하나님과의 인격적인 관계가 더욱 깊어진다.

이것이 언약을 체결한 기본 목적이고, 이러한 목적을 이루기 위해 쉐마 공식을 주셨다.

하나님이 명령하시는 말씀을 우리는 인간적 능동태로 지키는 것이 아니라 신적 수동태로 지키면 된다. 우리가 스스로 명령을 지키려고 애쓰는 것이 아니라, 하나님을 의지하고 따라가면 하나님이 도와주셔서 우리가 명령을 지킬 수 있게 해주신다. 이러한 방법을 통해 우리는 지치지 않고 끊임없이 하나님의 은혜를 체험하게 된다.

구약과 신약 성경은 이와 같이 지켜 행하는 원리를 반복해서 가르쳐 주고 있다. 그럼에도 불구하고 이스라엘 백성은 율법을 지켜 행하는 원리를 따르지 못했다.

**사도행전 7:51, 53** 목이 곧고 마음과 귀에 할례를 받지 못한 사람들아 너희도 너희 조상과 같이 항상 성령을 거스르는도다…너희는 천사가 전한 율법을 받고도 지키지 아니하였도다 하니라

오순절 성령 강림 후에 스데반 집사가 설교한 내용이다. 스데반 당시 유대인들은 율법을 열심히 지키고 있다고 자부하는 사람들이었다. 그러나 스데반은 유대인들이 그들의 마음이 완악해서 성령을 거스른다고 설교한다. 성령을 거스르는 것은 당시에 처음 발생한 일이 아니라 이미 조상 때부터 그렇게 해왔다고 책망한다.

스데반 당시 유대인들은 스데반의 설교를 듣고도 깨닫지 못했다. 그들의 조상들 역시 모세를 통해 주신 율법을 받고도 마음에 깨닫지 못해 믿음이 생기지 않았다. 스데반 당시 유대인들이나 그 조상들은 마음이 완악해서 성령의 역사를 거부했기 때문에 율법이나 말씀을 깨닫지 못하고 믿지 못했다.

# 제4장

# 할례

할례는 몸에 행하지만 마음에도 행해야 한다. 몸과 마음에 함께 할례를 받을 때 온전한 할례가 된다.

할례는 아브라함의 나이 99세 곧 이삭이 태어나기 1년 전에 주신 명령이다. 할례는 하나님이 아브라함과 맺은 언약의 표시다. 아브라함과 그의 후손들은 언약을 지킨다는 표시로 할례를 행했다.

**창세기 17:7-10, 14** 내가 내 언약을 나와 너 및 네 대대 후손 사이에 세워서 영원한 언약을 삼고 너와 네 후손의 하나님이 되리라 내가 너와 네 후손에게 네가 거류하는 이 땅 곧 가나안 온 땅을 주어 영원한 기업이 되게 하고 나는 그들의 하나님이 되리라 하나님이 또 아브라함에게 이르시되 그런즉 너는 내 언약을 지키고 네 후손도 대대로 지키라 너희 중 남자는 다 할례를 받으라 이것이 나와 너희

와 너희 후손 사이에 지킬 내 언약이니라…할례를 받지 아니한 남자 곧 그 포피를 베지 아니한 자는 백성 중에서 끊어지리니 그가 내 언약을 배반하였음이니라

아브라함과 맺은 할례 언약에는 나중에 이스라엘 백성과 맺은 모세 언약(시내 산 언약과 모압 언약)과 유사한 방식이 들어 있다. 모세 언약은 언약의 핵심과 언약의 부칙으로 구성되어 있다. 언약의 핵심은 하나님과의 관계이고, 언약의 부칙은 십계명이다.

아브라함 언약에서도 관계 형성이 중요하다. '너와 네 후손의 하나님이 되리라' '나는 그들의 하나님이 되리라' 등이 언약 관계를 나타낸다. 결국 '나는 너희의 하나님, 너희는 나의 백성'이 아브라함 언약의 핵심이다.

언약의 부칙은 할례다. 할례를 행하면 언약 관계가 유지되고 행하지 않으면 파기된다. 그런데 중요한 것은, 할례는 몸에 행하는 것이지만 마음에도 할례를 받아야 한다는 것이다. 하나님은 마음의 할례를 강조하셨다.

**신명기 10:16**   너희는 마음에 할례를 행하고 다시는 목을 곧게 하지 말라

**로마서 2:29**   할례는 마음에 할지니 영에 있고 율법 조문에 있지 아니한 것이라

**예레미야 9:25-26** 여호와의 말씀이니라 보라 날이 이르면 할례 받은 자와 할례 받지 못한 자를 내가 다 벌하리니 무릇 모든 민족은 할례를 받지 못하였고 이스라엘은 마음에 할례를 받지 못하였느니라

이방 민족은 할례를 받지 않았기 때문에 벌을 받는다.

그런데 이스라엘 백성은 몸에 할례를 받았더라도 마음에 할례를 받지 못하면 벌을 받는다. 할례는 몸에 행하는 것으로 끝나서는 안 된다고 강조하신 것이다. 몸에 할례를 받을 때 마음에도 할례를 받아야 온전한 할례가 이루어진다는 뜻이다.

**사도행전 7:51** 목이 곧고 마음과 귀에 할례를 받지 못한 사람들아 너희도 너희 조상과 같이 항상 성령을 거스르는도다

하나님께서 스데반을 통해 당시 유대인들에게 주신 말씀이다. 그 당시 유대인들은 대부분의 조상들과 마찬가지로 마음에 할례를 받지 못했다. 그래서 예수님을 믿지 못한 것이라고 책망하는 말씀이다.

구약에서의 할례가 신약에서는 세례로 변경되었다. 구약의 할례가 겉으로는 신약의 세례로 변경되었지만, 속으로는 동일한 원리가 적용된다. 양쪽 모두에 '지켜 행하라'는 원리가 적용된다.

신약 시대에는 사람들이 겉으로는 몸에 세례를 받지만 마음속에서는 예수님의 보혈을 믿어야 한다. 예수님의 보혈을 통한 속죄를 마음에 믿을 때 온전한 세례가 이루어진다. 마찬가지로 구약에서 할례를 행할 때도 이스라엘 백성이 겉으로 몸에 할례를 행하지만 그 마음에도 할례가 이루어져야 한다.

어떻게 마음의 할례를 받을 수 있는가? 할례를 행할 때 그냥 행하는 것이 아니라, 지켜 행하는 원리가 적용될 때 가능하다.

> **신명기 30:6** 네 하나님 여호와께서 네 마음과 네 자손의 마음에 할례를 베푸사 너로 마음을 다하며 뜻을 다하여 네 하나님 여호와를 사랑하게 하사 너로 생명을 얻게 하실 것이며

마음의 할례는 이스라엘 백성이 스스로 하는 것이 아니라 하나님이 베풀어 주시는 것이다. 하나님으로부터 마음에 할례를 받은 사람이 생명을 얻게 된다. 신약적인 표현으로는 마음에 할례를 받을 때 구원을 받는다. 몸의 할례는 이스라엘 백성이 스스로 행하지만, 마음의 할례는 하나님이 해주신다. 어떤 과정을 거쳐서 마음의 할례를 받을 수 있는가?

이스라엘 백성이 몸에 할례를 행하면서 그냥 몸으로만 행하고 끝내는 것이 아니라 마음속에 지켜 행할 때 하나님이 역사하신다. 즉 이스라엘 백성이 하나님의 명령에 따라 스스로 몸에 할례를 행하면서 하나님께서 마음에 할례를 행하시도록 간구하면 하나님이 응답

해 주신다.

　신약에서는 겉으로 세례를 받으면서 마음에 예수님의 보혈을 믿으면 구원을 받듯이, 구약에서는 몸에 할례를 행하면서 마음에 하나님이 베풀어 주시는 할례를 믿으면 생명을 얻게 된다. 몸에 할례를 받았지만 마음에 할례를 받지 못하면 형식화된 할례가 된다. 형식화된 할례에는 생명이 없다. 즉 구원이 없다.

## 제5장

# 율법의 복음 기능

구약의 율법 속에는 복음의 기능이 들어 있다. 구약시대에도 율법을 지켜 행할 때 성령께서 역사하셔서 율법 속에 있는 복음을 믿게 하신다.

예수님의 십자가 죽음의 의미가 유월절 어린양이나 제사 제도에 상징적으로 들어 있다. 구약의 유월절 어린양의 피나 제사 제물의 피는 결국 예수님의 십자가 보혈을 상징한다. 즉 율법 속에 복음이 상징으로 들어 있다.

이것이 율법의 복음 기능이다. 구약성경의 복음이다.

**출애굽기 12:13** 내가 애굽 땅을 칠 때에 그 피가 너희가 사는 집에 있어서 너희를 위하여 표적이 될지라 내가 피를 볼 때에 너희를 넘어가리니 재앙이 너희에게 내려 멸하지 아니하리라

**출애굽기 24:8** 모세가 그 피를 가지고 백성에게 뿌리며 이르되 이는 여호와께서 이 모든 말씀에 대하여 너희와 세우신 언약의 피니라

출애굽 때 이스라엘 백성은 유월절 어린양의 피를 통해 죽음을 면하고 구원을 받았다. 구약시대에도 율법 속에 상징으로 있는 복음을 믿을 때 구원이 임한다는 것을 의미한다.

그런데 제사는 시내 산에서 율법을 통해 제사 제도를 알려 주시기 전부터 이미 진행되어 왔다.

가인과 아벨은 하나님께 제사를 드렸다(창 4:3-4). 노아도 홍수 직후에 제사를 드렸다(창 8:20). 아브라함도 가나안 땅에 도착해서 제단을 쌓았다(창 12:7-8). 그 이전에 아담과 하와가 타락한 후에 하나님은 그들에게 가죽옷을 지어 입히셨다(창 3:21). 동물이 피를 흘려 죽었다는 것을 의미한다.

구약성경의 복음에 관해 예수님은 다음과 같이 말씀하셨다.

**요한복음 5:39, 46** 너희가 성경에서 영생을 얻는 줄 생각하고 성경을 연구하거니와 이 성경이 곧 내게 대하여 증언하는 것이니라… 모세를 믿었더라면 또 나를 믿었으리니 이는 그가 내게 대하여 기록하였음이라

예수님 당시에는 아직 신약성경은 기록되지 않았다. 따라서 위의 구절에 나온 성경은 구약성경을 의미한다. 구약성경이 예수님에 대하여 기록하고 있다는 것이다. 즉 구약성경 속에 복음이 있다는 말이다.

예수님은 유대인들이 모세를 믿었더라면 예수님을 믿었을 것이라고 말씀하신다. 모세를 통해 주신 성경, 즉 모세오경 속에는 예수님에 관한 내용이 상징적으로 기록되어 있다. 유대인들이 율법 속에 상징으로 있는 구약의 복음을 믿으면 예수님을 믿게 되는 셈이다.

바울도 디모데에게 동일한 내용을 가르쳐 준다.

**디모데후서 3:15** 또 어려서부터 성경을 알았나니 성경은 능히 너로 하여금 그리스도 예수 안에 있는 믿음으로 말미암아 구원에 이르는 지혜가 있게 하느니라

디모데가 어릴 때부터 외할머니와 어머니로부터 배운 성경은 구약성경이다. 디모데가 구약성경을 통해서 예수 그리스도를 믿고 구원을 받게 되었다는 뜻이다. 또한 바울은 이방인뿐만 아니라 유대인들도 율법의 행위를 통해서가 아니라 복음 즉 예수 그리스도를 믿는 것으로 구원 받는다고 강조한다.

**갈라디아서 2:15-16** 우리는 본래 유대인이요 이방 죄인이 아니로되 사람이 의롭게 되는 것은 율법의 행위로 말미암음이 아니요 오직 예수 그리스도를 믿음으로 말미암는 줄 알므로 우리도 그리스도

예수를 믿나니 이는 우리가 율법의 행위로써가 아니고 그리스도를 믿음으로써 의롭다 함을 얻으려 함이라 율법의 행위로써는 의롭다 함을 얻을 육체가 없느니라

바울이 말한 의도는 구약시대든 신약시대든 이방인들뿐만 아니라 유대인들도 복음 즉 예수 그리스도를 믿을 때 구원을 받는다는 것이다. 단순히 율법을 그냥 행하는 것만으로는 구원을 받지 못한다는 뜻이다. 따라서 다음과 같이 설명할 수 있다.

구약시대에는 유월절 절기를 지키면서 유월절 어린양의 피를 통해 자신의 죄가 씻음 받는다는 말씀을 마음에 믿으면, 결과적으로 대속하신 예수님의 십자가 보혈을 믿는 셈이다. 제사 때 제물을 드리면서 동물의 피를 통한 죄 씻음의 말씀을 마음에 믿으면, 예수님의 십자가 보혈을 믿는 셈이다.

유월절 어린양의 피나 제사 제물의 피 자체가 효능이 있어서 죄를 사하는 것이 아니다. 그 피를 통해 죄 사함을 받는다는 믿음이 효력을 발휘한다. 하나님은 제물 자체가 아니라 제물을 드리는 사람의 믿음을 보시고 죄를 용서해 주신다.

**웨스트민스터 신앙고백서(1647년)**
7장 인간에 대한 하나님의 언약에 대하여
5항 이 언약은 율법시대와 복음시대에 각기 다르게 시행되었다. 율법 하에서 언약은 약속들, 예언들, 제사들, 할례, 유

월절 양 그리고 유대 백성들에게 전해진 다른 모형들과 규례들에 의하여 집행되었는데 이 모든 것은 오실 그리스도를 예표하였다. 그리고 그 당시에 이것은 성령의 역사로 말미암아 약속된 메시아를 믿는 믿음으로 택자들을 교훈하며 세우는 데 충분하고 효과적이었다. 그 메시아로 말미암아 그들은 완전한 죄사함과 영원한 구원을 얻었다. 이를 구약이라고 부른다.(R.C. 스프로울 지음, 이상웅·김찬영 공역, 《웨스트민스터 신앙고백 해설》, 부흥과개혁사, 2017)

웨스트민스터 신앙고백서에서 주장하는 것처럼 구약에서 상징으로 있는 복음을 믿는 것은 신약에서 예수님을 믿는 것과 동일한 구원의 효과가 나타난다. 구약에서도 상징으로 기록되어 있는 약속된 메시아 즉 오실 메시아를 믿는 믿음을 통해 구원을 받게 된다. 그 믿음은 성령의 역사를 통해 가능하다.

구약에서 율법을 지켜 구원을 받는다는 것은 율법 속에 있는 복음을 믿어 구원을 받는다는 뜻이다. 신약에서 말씀을 믿어 구원을 받는다는 것은 말씀 속에 있는 복음을 믿어 구원을 받는다는 뜻이다. 구약과 신약에서 동일한 원리가 적용된다.

신약의 복음 성구를 구약에 적용하면 다음과 같이 표현될 수 있다.

**요한복음 3:16** 하나님이 세상을 이처럼 사랑하사 독생자를 주셨으니 이는 그를 믿는 자마다 멸망하지 않고 영생을 얻게 하려 하심이라

'하나님이 이스라엘 백성을 이처럼 사랑하사 유월절 어린양의 제도를 주셨으니 이는 어린양의 피를 믿는 자마다 멸망하지 않고 생명을 얻게 하려 하심이라.'

**사도행전 16:31** 주 예수를 믿으라 그리하면 너와 네 집이 구원을 받으리라

'율법을 지켜 행하라 그리하면 복음을 믿게 되어 너와 네 후손이 구원을 받으리라.'

복음을 믿음으로 죄 용서 받고 복음을 믿음으로 구원 받는 것에는 구약에서나 신약에서나 동일한 원리가 적용되고 있다. 히브리서 11장에 나오는 구약시대의 믿음의 선진들은 복음을 믿은 자들이다.

**히브리서 11:1-2** 믿음은 바라는 것들의 실상이요 보이지 않는 것들의 증거니 선진들이 이로써 증거를 얻었느니라

구약시대에는 복음이 상징으로 있었기 때문에 구약의 믿음의 선조들에게는 복음의 실체가 눈에 보이지 않았다. 그럼에도 불구하고 그들은 상징으로 있는 복음을 마음으로 믿고 구원을 받았다.

**레위기 18:5** 너희는 내 규례와 법도를 지키라 사람이 이를 행하면 그로 말미암아 살리라 나는 여호와이니라

하나님은 이미 레위기서에서 율법을 지켜 행하면 살리라고 말씀하셨다. 이는 율법을 지킬 때 율법 속에 있는 복음을 믿게 되어 생명을 얻는다는 뜻이다.

위의 성경 구절은 '아브라함이 여호와를 믿으니 여호와께서 이를 그의 의로 여기시고'(창 15:6)라는 말씀과 하박국 선지자를 통해 주신 '의인은 그의 믿음으로 말미암아 살리라'(합 2:4)는 말씀과 연결된다. 이것은 결국 신약 로마서에서 바울을 통해 주신 '오직 의인은 믿음으로 말미암아 살리라'(롬 1:17)는 말씀으로 귀결된다.

아브라함, 이삭, 야곱, 요셉, 모세, 다윗 등 구약시대의 믿음의 사람들은 모두 상징으로 있는 복음을 믿고 믿음의 선조의 계보에 들어가게 되었다.

**요한복음 8:56** 너희 조상 아브라함은 나의 때 볼 것을 즐거워하다가 보고 기뻐하였느니라

**마태복음 22:43** 이르시되 그러면 다윗이 성령에 감동되어 어찌 그리스도를 주라 칭하여 말하되

그들은 구약시대에 살면서 복음의 실체를 보지 못했음에도 불구하고 성령의 도우심으로 예수님을 마음으로 믿었다. 이것이 구약에서 구원 받는 신앙의 핵심이다.

따라서 말씀을 마음에 새기면서 성령의 도우심을 구하는 쉐마 공

식의 원리 즉 지켜 행하는 원리가 구원 받음에 있어서 매우 중요한 역할을 한다. 이 원리가 신앙의 핵심을 붙잡는 방법인 것이다. 즉 믿음으로의 길, 구원으로의 길로 안내한다.

이러한 믿음의 원리는 신약시대에도 마찬가지다. 예수님을 직접 목격한 사람들은 제자들을 비롯해서 적은 숫자의 사람들이다. 예수님을 직접 눈으로 본 사람들 중에도 많은 이가 예수님을 믿지 못했다. 반면에 신약시대에 믿음을 지닌 이방인들은 예수님을 직접 보지 못하고 믿은 자들이다.

**베드로전서 1:8-9** 예수를 너희가 보지 못하였으나 사랑하는도다 이제도 보지 못하나 믿고 말할 수 없는 영광스러운 즐거움으로 기뻐하니 믿음의 결국 곧 영혼의 구원을 받음이라

믿음이란 직접 눈으로 본다고 해서 생기는 것도 아니고, 보지 못한다고 해서 생기지 않는 것도 아니다. 믿음은 인간 스스로의 힘에 의해 발생하는 것이 아니라 오로지 성령께서 역사하실 때 발생하기 때문이다. 따라서 구약에서나 신약에서나 성령의 역사로 말미암아 사람에게 믿음이 발생한다.

예수님의 십자가 사건을 기준으로, 구약시대에는 앞으로 이루어질 십자가 보혈을 바라보고 신앙생활을 했다. 신약시대에는 과거에 이루어진 십자가 보혈을 기념하면서 신앙생활을 한다.

# 제6장

# 새 언약

하나님은 예레미야 에스겔 선지자를 통해 새 언약을 약속하셨다. 새 언약은 궁극적으로는 예수님의 십자가에서 성취되지만, 구약에서도 새 언약의 의미가 적용된다. 새 언약이 강조하는 것은 마음과 성령이다.

## (1) 새 언약의 의미

하나님은 이스라엘 백성과 더불어 새 언약을 맺겠다고 말씀하신다.

> **예레미야 31:31-32** 여호와의 말씀이니라 보라 날이 이르리니 내가 이스라엘 집과 유다 집에 새 언약을 맺으리라 이 언약은 내가 그들의 조상들의 손을 잡고 애굽 땅에서 인도하여 내던 날에 맺은 것과 같지 아니할 것은 내가 그들의 남편이 되었어도 그들이 내 언약을 깨뜨렸음이라 여호와의 말씀이니라

새 언약을 맺으시는 이유는 모세를 통해 맺은 언약, 즉 시내 산 언약과 모압 언약을 이스라엘 백성이 깨뜨렸기 때문이다. 새 언약은 시내 산 언약을 맺은 때로부터 약 800년이 지난 시점에 남유다가 바벨론에게 멸망할 무렵에 예레미야 선지자를 통해 주셨다.

새 언약은 무엇을 의미하는가? 궁극적으로는 예수님의 십자가 언약을 의미한다.

**마태복음 26:28** 이것은 죄 사함을 얻게 하려고 많은 사람을 위하여 흘리는바 나의 피 곧 인약의 피니라

예수님은 제자들과 함께 마지막 유월절 만찬을 행하면서 새 언약을 세운다고 말씀하셨다. 예수님이 십자가에 죽으심을 통해 자신의 피로 맺게 되는 언약이다.

**고린도전서 5:7** 우리의 유월절 양 곧 그리스도께서 희생되셨느니라

**고린도전서 11:25** 식후에 또한 그와 같이 잔을 가지시고 이르시되 이 잔은 내 피로 세운 새 언약이니

그런데 구약의 율법 속에는 예수님의 십자가 복음 기능이 있기 때문에 구약시대에도 새 언약의 원리가 적용된다.

### (2) 예레미야 새 언약

예레미야서에 나오는 새 언약의 핵심은 율법을 사람들의 마음에 기록한다는 것이다.

> **예레미야 31:33** 내가 나의 법을 그들의 속에 두며 그들의 마음에 기록하여

예레미야 새 언약에서는 마음을 강조한다. 그런데 마음을 강조하는 원리는 이미 신명기에 기록되어 있다. 신명기는 출애굽 2세대에게 교훈하는 말씀이다. 시내 산 언약을 체결한 출애굽 1세대는 언약을 지키는 데 실패하고 광야에서 소멸되었다.

시내 산 언약을 체결한지 40년 후 모압 언약을 체결한 출애굽 2세대에게는 율법을 지키는 원리인 쉐마 공식(신 6:4-9)을 알려 주셨다. 쉐마 공식 제3단계에서 말씀을 마음에 새기라고 명령하셨다. 왜 말씀을 마음에 새겨야 하는가?

말씀을 마음에 새길 때 성령께서 역사하심으로 말씀에 대한 믿음이 생기기 때문이다. 말씀을 실천하기 위해서는 먼저 말씀을 마음에 새기는 것이 반드시 필요하다.

예레미야 시대는 남유다가 바벨론에게 멸망하는 말세 상황이었다. 그 시기에 새 언약을 주시면서 마음을 강조한 것은, 그 당시 이스라

엘 백성이 율법을 지킬 때 마음을 중요하게 여기지 않았다는 의미가 된다. 당시 이스라엘 백성이 율법을 마음에 새기지 않았다는 것을 뜻한다. 다시 말하면, 그 당시 이스라엘 백성은 율법을 지켜 행하는 원리를 적용하지 않았다.

율법을 마음에 새기면 어떤 일이 발생하는가? 에스겔 새 언약에서 구체적으로 가르쳐 준다.

### (3) 에스겔 새 언약

> **에스겔 36:26-27** 또 새 영을 너희 속에 두고 새 마음을 너희에게 주되 너희 육신에서 굳은 마음을 제거하고 부드러운 마음을 줄 것이며 또 내 영을 너희 속에 두어 너희로 내 율례를 행하게 하리니 너희가 내 규례를 지켜 행할지라

위의 구절은 예레미야 31장 31-33절과 함께 새 언약이라고 일컬어진다. 에스겔 새 언약은 예레미야 새 언약을 좀 더 자세하게 설명한 것이다.

에스겔 새 언약에서는 예레미야가 강조한 마음과 더불어 성령도 강조한다. 성령께서 우리 마음속에 역사하신다는 뜻이다.

에스겔 새 언약에는 세 단계가 들어 있다.

첫째 단계, "내 영을 너희 속에 두어."

성령을 우리 마음속에 두신다. 그러면 성령께서 우리의 굳은 마음을 부드러운 마음이 되게 해주신다.

둘째 단계, "너희로 내 율례를 행하게 하리니."
성령께서 우리 마음에 율법을 깨닫게 하시고 믿음을 주시면서 행하고 싶은 의욕을 일으키신다.

셋째 단계, "너희가 내 규례를 지켜 행할지라."
성령께서 우리 마음속에서 불러일으키시는 의욕에 따라 우리가 율법을 실천한다.

새 언약을 종합해 보면 다음과 같다.

성령께서 역사하셔서 우리 마음을 부드럽게 해주신다. 우리 마음속에서 율법을 깨닫게 해주시고 믿음을 주신다. 우리에게 율법을 행할 마음이 생기게 하신다. 그래서 우리는 율법을 실천하게 된다.

### (4) 새 언약의 목적

모세 언약(시내 산 언약과 모압 언약)에서 우선적으로 중요한 것은 하나님과의 관계다. '나는 너희의 하나님, 너희는 나의 백성'이다. 언약 체결의 핵심은 이러한 관계 형성이다.

쉐마 공식 제2단계에서 '마음과 뜻과 힘을 다하여 네 하나님을 사랑하라'고 말씀하신 것은 하나님과의 관계를 최고의 상태로 올리라는 뜻이다. 온 마음을 다해 사랑하고, 목숨을 주고받을 정도로 사랑하는 관계로 나아가야 한다.

이러한 관계는 단순히 사역적인 관계가 아니라 인격적인 관계를 의미한다. 이렇게 깊은 인격적인 관계를 바탕으로 해서 사역적인 관계가 이루어지게 된다. 따라서 사역적인 관계에 앞서 우선 인격적인 관계를 맺어야 한다.

율법을 지킬 때 이처럼 하나님과의 인격적인 관계를 향상시키는 방향으로 진행해야 한다. 이렇게 지키면 율법을 지킬수록 하나님과의 관계가 더욱 더 깊어지게 된다.

사람들이 다른 사람과 인격적인 관계에 있으면 함께 있음을 느끼고 서로 무언가를 나누게 된다. 서로 이야기를 주고받고 서로 감정적인 느낌도 주고받는다. 나무나 돌처럼 아무 느낌이나 대화 없이 함께 있는 것이 아니다. 인격적인 교제를 하면 추상적으로가 아니라 실제적으로 교제를 나누게 된다.

구약에서 하나님과 인격적인 교제를 매우 잘 나눈 사람은 다윗이다. 다윗은 수시로 하나님께 묻고 기도하면서 앞길을 헤쳐 나아갔다. 심지어는 자신의 어떠한 감정도 숨기지 않고 하나님께 알려 드렸다. 시편에는 다윗이 하나님께 나눈 감정의 내용들이 기록되어 있다.

**시편 143:3,8**  원수가 내 영혼을 핍박하며 내 생명을 땅에 엎어서 나로 죽은 지 오랜 자같이 나를 암흑 속에 두었나이다 주의 인자하심으로 나의 원수들을 끊으시고 내 영혼을 괴롭게 하는 자를 다 멸하소서 나는 주의 종이니이다

다윗은 사울 왕과 아들 압살롬으로부터 죽을 고비에 처하는 심한 고난을 당했다. 다윗이 일반적으로는 하나님의 인자와 공의를 간구했지만, 때로는 위의 구절에서 보는 바와 같이 자신의 원수를 제거해달라고 하나님께 자신의 감정을 아뢰었다. 이것은 평온한 상태에서 합리적인 판단에 의한 기도가 아니라, 매우 힘든 상황에 처해 있을 때 자신의 감정을 숨김없이 솔직하게 하나님께 아뢰는 내용이다. 이것은 역설적으로 다윗이 그만큼 하나님과 인격적으로 가깝게 지내고 있다는 것을 나타낸다.

그러나 다윗은 실제적으로는 자신의 손으로 사울 왕을 제거할 기회가 두 번이나 있었음에도 불구하고 사울 왕을 살려 주었다.

다윗은 하나님의 마음에 맞는 사람이었다. 하나님과 인격적인 관계가 깊었다. 이스라엘 백성과 언약을 맺으신 하나님은 우선 마음과 마음이 통하고 애틋한 감정까지 주고받는 인격적인 관계를 원하신다.

하나님이 이스라엘 백성과 언약을 맺은 것에는 궁극적인 목적이 있다. 그 목적은 이스라엘 백성이 모든 민족에게 하나님의 말씀을 전하는 것이다. 이 목적을 수행하기 위해서는 먼저 이스라엘 백성이

하나님과의 인격적인 관계가 깊어져야 한다. 이러한 인격적인 관계 속에서 하나님은 이스라엘 백성이 사명을 감당할 수 있도록 인도해 주신다.

그래서 쉐마 공식과 새 언약에서 마음을 강조한다. 하나님과 인격적인 관계를 맺으려면 마음을 강조하는 원리를 따라야 한다. 하나님과의 관계뿐만 아니라 사역하는 것조차도 모두 마음으로부터 시작된다. 모든 신앙 행위는 가장 기본적으로 마음속에 있는 믿음으로부터 출발하기 때문이다.

> **예레미야 31:33** 내가 나의 법을 그들의 속에 두며 그들의 마음에 기록하여 나는 그들의 하나님이 되고 그들은 내 백성이 될 것이라

> **에스겔 36:28** 내가 너희 조상들에게 준 땅에서 너희가 거주하면서 내 백성이 되고 나는 너희 하나님이 되리라

새 언약의 원리는 성령께서 우리 마음에 역사하셔서 율법을 깨닫게 하시면 우리가 율법을 행할 수 있게 된다는 것이다. 이런 과정을 통해 하나님과의 인격적인 관계가 더욱 깊어진다. 이렇게 살아가는 사람이 새 언약의 일꾼이며, 하나님의 진정한 언약 백성이다.

### (5) 구약에서 새 언약 실천

신약시대에 바울은 새 언약의 일꾼의 특징을 말했다.

**고린도후서 3:6**  그가 또한 우리를 새 언약의 일꾼 되기에 만족하게 하셨으니 율법 조문으로 하지 아니하고 오직 영으로 함이니 율법 조문은 죽이는 것이요 영은 살리는 것이니라

새 언약의 일꾼의 특징은 성령에 의해 이끌림을 받는다는 것이다. 따라서 구약시대에 살아가더라도 성령의 역사하심으로 마음에 복음을 믿고 말씀을 깨달으면서 실천하면 새 언약의 일꾼으로 살아가는 셈이다.

과거에 시내 산 언약을 맺은 출애굽 1세대가 율법을 지키지 못해 광야에서 멸망한 후 하나님께서 출애굽 2세대와 모압 언약을 맺을 때 그들에게 쉐마 공식의 원리, 즉 율법을 지켜 행하는 원리를 알려 주셨다.

이제는 이스라엘이 북이스라엘뿐만 아니라 남유다까지 멸망하는 상황에서 하나님은 쉐마 공식의 원리를 상기시키는 새 언약을 주신다.

쉐마 공식과 새 언약의 공통점은 첫째로 멸망하는 말세적인 상황에서 주셨다는 것이며, 둘째로 마음과 성령을 강조하셨다는 것이다.

이것은 말세적인 현상이 나타나는 시절에는 사람들이 마음과 성령의 역할을 중요하게 여기지 않는다는 것을 보여 준다. 즉 마음 없이 믿음 없이 형식적으로 신앙생활을 한다. 이것은 사람들이 하나님

의 마음과 뜻에 맞게 살아가는 것이 아니라 자기 마음대로 자기 뜻대로 살아간다는 의미이다.

그래서 하나님은 이스라엘의 역사에서 말세 현상이 나타나는 시절에 이스라엘 백성이 하나님의 뜻에 맞추어 살아가게 하기 위해 각각의 시대에 맞게 쉐마 공식과 새 언약을 주셨다. 하나님은 쉐마 공식과 새 언약을 통해서 이스라엘 백성이 하나님과의 인격적인 관계를 회복하기를 원하셨다.

남유다가 멸망할 무렵에 주어진 예레미야와 에스겔 선지자의 새 언약은 궁극적으로는 신약에서 예수님의 십자가 죽음을 비롯한 오순절 성령강림에서 이루어지지만, 일차적으로는 구약에서 바벨론 포로 해방 때 이루어졌다.

이러한 회복 상황을 하나님은 이미 70년 전에 에스겔 선지자를 통해 미리 알려 주셨다. 성령의 능력으로 이스라엘 백성이 고국 가나안 땅으로 돌아가고, 하나님과의 관계가 회복될 것이라고 말씀하셨다.

> **에스겔 37:14** 내가 또 내 영을 너희 속에 두어 너희가 살아나게 하고 내가 또 너희를 너희 고국 땅에 두리니 나 여호와가 이 일을 말하고 이룬 줄을 너희가 알리라 여호와의 말씀이니라
>
> **에스겔 39:28-29** 전에는 내가 그들이 사로잡혀 여러 나라에 이

르게 하였거니와 후에는 내가 그들을 모아 고국 땅으로 돌아오게 하고 그 한 사람도 이방에 남기지 아니하리니 그들이 내가 여호와 자기들의 하나님인 줄을 알리라 내가 다시는 내 얼굴을 그들에게 가리지 아니하리니 이는 내가 내 영을 이스라엘 족속에게 쏟았음이라 주 여호와의 말씀이니라

에스겔 선지자의 예언대로 바벨론 포로 해방 당시 지도자 스룹바벨, 에스라, 느헤미야를 중심으로 예루살렘 성전과 성벽이 재건축되었고 신앙개혁이 일어났다. 새로운 마음으로 죄를 회개하고 율법을 지키게 되었다. 하나님과의 관계가 새롭게 형성되었다.

# 제7장

# 구약의 외식주의

외식주의는 내용은 사라지고 형식만 남은 상태를 가리킨다. 율법을 지킴에 있어서 내용은 믿음, 사랑, 정의 등으로서 마음의 작용과 관련된다. 형식은 율법 규정, 제사 제도 등이다. 율법을 지킬 때 믿음과 사랑과 정의 등이 약화되면 형식화되는 것이고, 사라지면 외식주의가 된다.

예레미야와 에스겔 선지자는 남유다가 바벨론에게 멸망하는 시기에 활동했던 선지자들이다. 당시 이스라엘 백성에게는 우상 숭배와 범죄가 심했고, 하나님과의 관계에도 문제가 심각했다.

하나님은 이러한 시대 상황에서 새 언약을 말씀하셨다. 즉 말세적인 상황에서 새 언약을 말씀하셨다. 새 언약에서 예레미야는 마음을 강조했고, 에스겔은 마음과 성령을 강조했다.

이것은 그 시대의 이스라엘 백성이 마음을 등한시하고 성령과 관계없이 율법을 행했다는 것을 의미한다. 마음 없이 성령과 관계없이 율법을 행하면 율법을 지켜 행하는 것이 아니라 단순히 행하는 것일 뿐이다. 율법을 몸으로만 행하고 마음으로는 지키지 못하게 된다. 결국 율법을 지켜 행하라는 명령을 순종하는 것에 문제가 발생한다.

> **시편 51:17, 19** 하나님께서 구하시는 제사는 상한 심령이라 하나님이여 상하고 통회하는 마음을 주께서 멸시하지 아니하시리이다… 그때에 주께서 의로운 제사와 번제와 온전한 번제를 기뻐하시리니 그때에 그들이 수소를 주의 제단에 드리리이다

시편에서 보는 것처럼 구약시대에 하나님이 원하시는 제사는 의로운 제사와 온전한 제사다. 이러한 제사는 마음을 담아서 드리는 제사다. 제사 드리는 자가 회개하는 마음, 감사하는 마음, 하나님을 신뢰하는 마음 등을 제물에 담을 때 하나님이 기쁘게 받으신다.

제사를 드릴 때 제사 드리는 자가 이러한 마음을 담아 드리지 못하면 형식적인 제사가 된다. 율법을 행하더라도 마음과 성령을 통하지 않으면 깨달음이나 믿음이 발생하지 않는다. 즉 깨달음이나 믿음 없는 형식적인 종교 생활을 하게 된다.

율법을 지켜 행하라는 명령은 마음으로 율법을 깨닫고 믿음으로 행하라는 뜻이다. 율법을 지켜 행하라는 명령에는 율법 속에 상징

으로 있는 복음을 믿으라는 의미가 포함되어 있다. 그러므로 예레미야와 에스겔 선지자 시절에 율법을 지켜 행하라는 명령을 온전히 수행하지 못했다는 것은, 결국 율법 속에 있는 구약의 복음을 믿지 못했다는 것을 뜻한다.

따라서 구약시대에 겉으로는 율법을 행하지만 마음으로는 복음을 믿지 못하는 외식주의가 발생하게 되었다. 외식주의에 관해서는 이미 100년 전부터 이사야 선지자를 통해 경고하셨다.

**이사야 1:12** 니희가 내 앞에 보이러 오니 이것을 누가 너희에게 요구하였느냐 내 마당만 밟을 뿐이니라

**이사야 29:13** 이 백성이 입으로는 나를 가까이 하며 입술로는 나를 공경하나 그들의 마음은 내게서 멀리 떠났나니

이스라엘 백성의 마음은 이미 이사야 선지자가 활동하던 시절에 하나님으로부터 떠났다. 즉 마음 없이 하나님을 섬기려는 형식적인 종교 생활을 했다.

예수님은 당시 바리새인들이 외식하는 것을 보고 이사야 선지자의 글을 인용하셨다.

**마태복음 15:7-9** 외식하는 자들아 이사야가 너희에 관하여 잘 예언하였도다 일렀으되 이 백성이 입술로는 나를 공경하되 마음은

내게서 멀도다 사람의 계명으로 교훈을 삼아 가르치니 나를 헛되이 경배하는도다 하였느니라

예수님이 바리새인들의 외식주의를 책망하면서 이사야 선지자의 글을 인용하신 것은 구약 이사야 선지자 시대에 이미 외식주의가 있었다는 증거가 된다.

외식주의는 알맹이가 없이 껍데기만 있는 것을 의미한다. 신앙생활에서 알맹이는 믿음이다. 신앙생활을 하면서 다른 것들이 아무리 화려하더라도 믿음이라는 알맹이가 없으면 하나님 앞에서는 아무 의미가 없다.

어떻게 해서 이스라엘 백성에게서 믿음이 사라졌을까? 위의 성경 구절이 그 대답을 알려 주고 있다. '그들의 마음은 내게서 멀리 떠났나니', '마음은 내게서 멀도다.'

마음에 문제가 발생했기 때문이다. 마음에 문제가 발생했기 때문에 믿음이 사라지면서 외식주의에 빠져들게 되었다. 마음이 그 역할을 제대로 할 때 형식적인 종교 생활에서 벗어날 수 있다. 다르게 표현하면, 성령께서 마음에 역사하실 때 믿음이 발생해서 외식주의에서 벗어날 수 있다.

율법을 깨달아 믿게 하려고, 더 구체적으로 설명하면 율법 속에 상징으로 있는 복음을 믿게 하려고 하나님은 율법을 주실 때 쉐마

공식(신 6:4-9)에서 '마음에 새기라'는 항목을 강조하셨다. 신명기를 비롯한 모세오경에서 '지켜 행하라'고 거듭 권고하셨다.

그러나 안타깝게도 북이스라엘이나 남유다가 멸망하는 시절에는 이스라엘 백성들 대부분이 율법을 지키는 원리를 잊어버리고 마음 없는 형식적인 종교 생활을 하다가 믿음 없는 외식주의에 빠지고 말았다.

# 제8장

# 다윗의 사례

다윗은 이스라엘 왕들 중에서 가장 훌륭한 왕으로 인정받았다. 큰 실수들을 저질렀음에도 불구하고 하나님의 마음에 맞는 삶을 살았다. 다윗의 삶에 쉐마 공식 4단계를 적용해 보면 그 이유를 알게 된다.

다윗의 삶을 살펴보면, 그는 구약시대에 쉐마 공식과 새 언약의 원리, 즉 지켜 행하는 원리에 따라 살았음을 알 수 있다.

## (1) 다윗의 성령 감동

예수님은 구약 시편 110편 1절을 인용하면서 다윗에 관해 말씀하셨다.

**마태복음 22:43-44** 이르시되 그러면 다윗이 성령에 감동되어 어찌 그리스도를 주라 칭하여 말하되 주께서 내 주께 이르시되 내가 네 원수를 네 발 아래에 둘 때까지 내 우편에 앉아 있으라 하셨도다 하였느냐

위의 구절에는 두 가지 중요한 내용이 들어 있다.
첫째, 다윗은 구약시대에 살면서 그리스도를 주님으로 인정했다. 다윗은 예수님을 메시아로 믿었다는 뜻이다.
둘째, 구약시대에 그러한 믿음이 가능했던 것은 성령께서 감동을 주셨기 때문이었다. 구약시대에도 성령의 감동으로 예수님을 믿었다는 것을 알려 준다.

오순절 성령 강림 전에도 성령의 감동으로 갓난아기 예수님을 보고 메시아로 믿은 사람이 있다. 시므온이라는 사람이다.

**누가복음 2:25-32** 예루살렘에 시므온이라 하는 사람이 있으니 이 사람은 의롭고 경건하여 이스라엘의 위로를 기다리는 자라 성령이 그 위에 계시더라 그가 주의 그리스도를 보기 전에는 죽지 아니하리라 하는 성령의 지시를 받았더니 성령의 감동으로 성전에 들어가매 마침 부모가 율법의 관례대로 행하고자 하여 그 아기 예수를 데리고 오는지라 시므온이 아기를 안고 하나님을 찬송하여 이르되 주재여 이제는 말씀하신 대로 종을 평안히 놓아주시는도다 내 눈이 주의 구원을 보았사오니 이는 만민 앞에 예비하신 것이요 이방을 비추는 빛이요 주의 백성 이스라엘의 영광이니이다 하니

예수님을 구원자로 믿는 것은 구약시대나 신약시대나 성령께서 깨달음을 주실 때 가능하다.

**욥기 32:8** 사람의 속에는 영이 있고 전능자의 숨결이 사람에게 깨달음을 주시나니

**고린도전서 12:3** 성령으로 아니하고는 누구든지 예수를 주시라 할 수 없느니라

구약시대 다윗과 신약시대 시므온은 성령께서 깨닫게 하심을 통해 예수님을 메시아로 믿었다. 다윗은 성령의 감동으로 예수님을 믿었을 뿐만 아니라 성령의 역사로 하나님의 말씀을 전하기도 했다.

**사무엘하 23:2-3** 여호와의 영이 나를 통하여 말씀하심이여 그의 말씀이 내 혀에 있도다 이스라엘의 하나님이 말씀하시며 이스라엘의 반석이 내게 이르시기를 사람을 공의로 다스리는 자, 하나님을 경외함으로 다스리는 자여

다윗이 인생의 말년에 말한 내용이다. 다윗은 성령께서 다윗의 입을 통하여 말씀하셨다고 고백한다.

## (2) 다윗의 믿음 원리

구약시대에 다윗에게 예수님을 믿는 믿음이 발생할 수 있었던 원

리는 무엇일까? 아버지 다윗이 아들 솔로몬에게 교훈한 내용을 보면 다윗 자신이 어떻게 신앙생활 했는지를 짐작할 수 있다.

> **잠언 4:3-4**  나도 내 아버지에게 아들이었으며 내 어머니 보기에 유약한 외아들이었노라 아버지(다윗)가 내게(솔로몬) 가르쳐 이르기를 내 말을 네 마음에 두라 내 명령을 지키라 그리하면 살리라

다윗은 아들 솔로몬에게 말씀과 명령을 마음에 두고 지키라고 교훈했다. 다윗이 지켜 행하는 원리를 적용했음을 알 수 있다. 믿음이 발생하는 원리는 구약이나 신약이나 동일하다.

> **로마서 10:17**  믿음은 들음에서 나며 들음은 그리스도의 말씀으로 말미암았느니라

믿음의 대상도 동일하다.

> **요한복음 5:46**  모세를 믿었더라면 또 나를 믿었으리니 이는 그가 내게 대하여 기록하였음이라

예수님을 믿는 믿음이 발생하려면 말씀과 성령의 역할이 필요하다. 우리가 말씀을 마음에 새기면 성령께서 역사하셔서 믿음이 생긴다.

유월절 의식을 행하면서 어린양에 관한 말씀을 마음에 새기면, 결국 세상 죄를 지고 가는 어린양이신 예수님이 믿어진다. 제사를

드릴 때마다 대속의 피에 관한 말씀을 마음에 새기면, 결국 예수님의 보혈이 믿어진다. 예를 들면 오늘날에도 불신자가 성경을 읽을 때 자신이 의도하지 않았는데 믿음이 생기는 경우가 있다. 성령께서 깨닫게 하시기 때문에 가능하다.

이러한 믿음 발생의 원리를 쉐마 공식과 새 언약에서 알려 준다. 말씀을 마음에 새기게 하는 것은 마음속에 그 말씀이 깨달아지고 믿음이 발생하게 하기 위함이다.

예수님 당시 유대인들을 유추해 볼 수 있다. 하나님의 언약 백성임에도 불구하고 그들은 아브라함이나 다윗과는 다르게 예수님을 믿지 못했다. 왜 유대인들이 예수님을 믿지 못했을까? 예수님이 그 이유를 말씀하셨다.

**요한복음 8:37, 56**  나도 너희가 아브라함의 자손인 줄 아노라 그러나 내 말이 너희 안에 있을 곳이 없으므로 나를 죽이려 하는도다…너희 조상 아브라함은 나의 때 볼 것을 즐거워하다가 보고 기뻐하였느니라

유대인들은 모세를 통해 주신 율법을 마음에 새기지 않았다. 더 정확하게는 율법 속에 상징으로 있는 복음을 마음에 새기지 않았다. 마음에 새기지 않았기 때문에 성령께서 그 율법을 깨닫도록 역사하지 않으셨다. 결국 그들에게 예수님에 관한 믿음이 생기지 않았다.

그러나 그들의 조상인 아브라함은 구약시대에 믿음의 눈으로 예수님을 보고 기뻐했다. 구약시대에는 율법 속에 상징으로 있는 복음을 마음에 새길 때 성령께서 역사하셔서 예수님에 관한 믿음이 생기게 하신다. 다윗도 아브라함처럼 그러한 믿음의 길을 따라 살았다.

### (3) 다윗의 하나님 사랑

구약시대에 성령의 감동을 받은 다윗은 예수 그리스도를 믿었을 뿐만 아니라 하나님을 극진히 사랑하기도 했다. 다윗의 시편에는 하나님을 사랑한다는 고백이 많이 기록되어 있다.

**시편 18:1** 나의 힘이신 여호와여 내가 주를 사랑하나이다

**시편 31:21, 23** 여호와를 찬송할지어다 견고한 성에서 그의 놀라운 사랑을 내게 보이셨음이로다…너희 모든 성도들아 여호와를 사랑하라

**시편 33:21** 우리 마음이 그를 즐거워함이여 우리가 그의 성호를 의지하였기 때문이로다

**시편 131:2** 내가 내 영혼으로 고요하고 평온하게 하기를 젖 뗀 아이가 그의 어머니 품에 있음 같게 하였나니 내 영혼이 젖 뗀 아이와 같도다

다윗은 단순히 왕으로서 나라를 다스리는 사명만을 수행한 것이 아니라 하나님과의 사랑의 관계도 깊었다. 사역에만 힘쓴 것이 아니라 인격적으로 하나님을 사랑하는 데에도 힘썼다. 그러므로 다윗의 삶은 '마음과 뜻과 힘을 다하여 주 너의 하나님을 사랑하라'는 목표를 추구하는 삶이었다고 할 수 있다.

성전 건축 과정을 보면, 다윗에게는 왕으로서 자신의 정치적인 업적에 대한 관심보다는 하나님과의 관계에 대한 관심이 더 강하게 나타난다.

> **역대상 17:1** 다윗이 그의 궁전에 거주할 때에 다윗이 선지자 나단에게 이르되 나는 백향목 궁에 거주하거늘 여호와의 언약궤는 휘장 아래에 있도다

> **열왕기상 8:17-19** 내 아버지 다윗이 이스라엘의 하나님 여호와의 이름을 위하여 성전을 건축할 마음이 있었더니 여호와께서 내 아버지 다윗에게 이르시되 네가 내 이름을 위하여 성전을 건축할 마음이 있으니 이 마음이 네게 있는 것이 좋도다 그러나 너는 그 성전을 건축하지 못할 것이요 네 몸에서 낳을 네 아들 그가 내 이름을 위하여 성전을 건축하리라 하시더니

다윗은 자발적으로 하나님의 이름을 위하여 성전 건축을 계획했다. 하나님으로부터 성전 건축을 거부당했을 때도 실망하거나 반발하지 않고 하나님의 지시대로 받아들였다. 오히려 성전 건축 재료와

필요한 것을 모두 준비해서 솔로몬에게 물려주어 솔로몬이 성전을 건축하게 했다.

다윗은 자신의 업적보다 하나님을 먼저 생각하는 마음이 강했다. 즉 하나님과의 인격적인 관계가 강했다는 뜻이다. 시편을 보면 다윗은 하나님과의 관계에 집중하면서 살았음을 알 수 있다.

예를 들어 밧세바 사건에서 다윗은 나단 선지자로부터 책망을 받았을 때 즉각 회개했다. 다윗은 다음과 같이 하나님 앞에 회개 기도하면서 관계 회복을 간절히 구했다.

> **시편 51:10-12** 하나님이여 내 속에 정한 마음을 창조하시고 내 안에 정직한 영을 새롭게 하소서 나를 주 앞에서 쫓아내지 마시며 주의 성령을 내게서 거두지 마소서 주의 구원의 즐거움을 내게 회복시켜 주시고 자원하는 심령을 주사 나를 붙드소서

다윗은 나단 선지자를 통한 하나님의 책망에 반발하지 않고 그대로 받아들였다. 사울과는 대조적인 모습이었다. 다윗은 평소에 하나님과의 인격적인 관계가 깊었고 하나님의 말씀을 마음에 새기는 훈련이 되어 있었다. 그렇기 때문에 하나님의 책망의 말씀도 즉각 받아들이는 것이 가능했다. 다윗은 책망의 말씀조차 그대로 마음에 받아들이고 즉시 회개했다.

하나님은 이러한 마음 자세를 지닌 다윗을 보고 다음과 같이 간

결하게 평가하셨다.

> **사무엘상 16:7** 여호와께서 사무엘에게 이르시되 그의 용모와 키를 보지 말라 내가 이미 그를 버렸노라 내가 보는 것은 사람과 같지 아니하니 사람은 외모를 보거니와 나 여호와는 중심을 보느니라 하시더라

> **사도행전 13:22** 다윗을 왕으로 세우시고 증언하여 이르시되 내가 이새의 아들 다윗을 만나니 내 마음에 맞는 사람이라 내 뜻을 다 이루리라

다윗은 하나님의 마음에 맞는 사람이었다. 하나님의 마음과 다윗의 마음이 통한 것이다. 하나님은 겉으로 드러난 화려함보다는 내면적으로 하나님을 신뢰하고 하나님을 사랑하는 다윗의 신앙심을 보셨다. 하나님은 그러한 마음 자세를 지닌 다윗에게 사명을 맡겨 이루게 하셨다.

웨스트민스터 소요리문답의 첫 문항에 무엇보다도 먼저 하나님과의 인격적인 관계에 관한 내용이 나온다.

> **웨스트민스터 소요리문답(1647년)**
> 1문 사람의 제일 되는 목적이 무엇인가?
> 하나님을 영화롭게 하는 것과 영원토록 그를 즐거워하는 것이다.

사람의 제일 되는 목적은 하나님을 영화롭게 하는 것과 영원토록 하나님을 즐거워하는 것이다. 하나님을 즐거워하는 것은 하나님과의 인격적인 관계를 나타낸다. 이것이 우리의 신앙생활의 방향 역할을 하고 또한 최종 목표가 되는 것이다.

다윗은 이러한 삶을 살아간 하나님의 사람이었다.

### (4) 솔로몬에게 신앙 전수

다윗은 자신이 죽는 날이 다가오면서 아들 솔로몬에게 다음과 같이 유언했다.

> **열왕기상 2:1-4** 다윗이 죽을 날이 임박하매 그의 아들 솔로몬에게 명령하여 이르되 내가 이제 세상 모든 사람이 가는 길로 가게 되었노니 너는 힘써 대장부가 되고 네 하나님 여호와의 명령을 지켜 그 길로 행하여 그 법률과 계명과 율례와 증거를 모세의 율법에 기록된 대로 지키라 그리하면 네가 무엇을 하든지 어디로 가든지 형통할지라 여호와께서 내 일에 대하여 말씀하시기를 만일 네 자손들이 그들의 길을 삼가 마음을 다하고 성품을 다하여 진실히 내 앞에서 행하면 이스라엘 왕위에 오를 사람이 네게서 끊어지지 아니하리라 하신 말씀을 확실히 이루게 하시리라

다윗은 솔로몬에게 하나님의 말씀과 율법을 지켜 행하라고 유언한다. 그리고 마음을 다하고 성품을 다해 하나님 앞에 행하면 하나

님이 형통케 해주신다는 말씀을 강조한다.

솔로몬도 대를 이어서 자기 아들에게 동일한 교훈을 했다.

> **잠언 6:20-23** 내 아들아 네 아비의 명령을 지키며 네 어미의 법을 떠나지 말고 그것을 항상 네 마음에 새기며 네 목에 매라 그것이 네가 다닐 때에 너를 인도하며 네가 잘 때에 너를 보호하며 네가 깰 때에 너와 더불어 말하리니 대저 명령은 등불이요 법은 빛이요 훈계의 책망은 곧 생명의 길이라

> **잠언 7:1-3** 내 아들아 내 말을 지키며 내 계명을 간직하라 내 계명을 지켜 살며 내 법을 네 눈동자처럼 지키라 이것을 네 손가락에 매며 이것을 네 마음판에 새기라

다윗과 마찬가지로 솔로몬도 계명을 마음에 새기고 지켜 행하라고 강조했음을 알 수 있다. 이렇게 아버지 다윗으로부터 신앙 교육을 전수받은 솔로몬은 마음의 중요성을 깨닫고 다음과 같이 강조했다.

> **잠언 4:23** 모든 지킬 만한 것 중에 더욱 네 마음을 지키라 생명의 근원이 이에서 남이니라

이상과 같은 다윗과 솔로몬의 교훈들은 신명기에 나오는 지켜 행하는 원리와 동일하다.

**신명기 32:46-47** 그들에게 이르되 내가 오늘 너희에게 증언한 모든 말을 너희의 마음에 두고 너희의 자녀에게 명령하여 이 율법의 모든 말씀을 지켜 행하게 하라 이는 너희에게 헛된 일이 아니라 너희의 생명이니 이 일로 말미암아 너희가 요단을 건너가 차지할 그 땅에서 너희의 날이 장구하리라

말씀을 마음에 새기고 지켜 행하면 생명의 역사가 일어난다.

### (5) 다윗과 쉐마 공식

쉐마 공식(신 6:4-9)에는 네 단계가 있다. 그 네 단계를 다윗에게 적용하면 다음과 같다.

첫째 단계, 유일하신 하나님을 믿으라.
다윗은 하나님만을 철저하게 믿었다. 다른 신을 섬기거나 우상을 숭배하지 않았다.

둘째 단계, 마음과 뜻과 힘을 다하여 하나님을 사랑하라.
다윗은 전인격을 다하여 하나님을 찾았고 사랑했다.

셋째 단계, 말씀을 마음에 새기라.
다윗은 말씀을 마음에 새겼고, 성령의 감동을 받았고, 예수 그리스도를 믿었다.

넷째 단계, 자녀에게 부지런히 가르치라.
다윗은 자신의 신앙을 아들 솔로몬에게 전수해 주었다.

다윗은 앞선 세 단계를 자기 자신이 철저하게 지키고, 마지막 네 번째 단계에서 아들 솔로몬에게 전수해 주었다. 쉐마 공식의 원리에 따라 살아간 것이다.

다윗은 구약시대에 성령의 감동을 받고 예수님을 메시아로 믿으면서 하나님과의 인격적인 관계 속에서 살아간 사람이었다.

두 번째 무대

# 신약의 이방인과 복음

구약에서는 율법이 주요 주제였지만, 신약에서는 복음이 주요 주제가 된다. 구약에서는 율법 속에 복음이 상징적으로 있었지만, 신약에서는 복음이 누구나 알 수 있게 드러난다.

구약과 신약을 살펴보면 겉으로는 다르게 보이지만 속에 흐르는 기본 원리는 동일하다는 것을 알게 된다.

# 제9장

# 때가 차매

예수님을 이 땅에 보내신 시기는 이스라엘 백성의 상태와 관련된다. 아브라함을 선택하시고 모든 민족에게 복음을 전하라는 사명을 주셨는데, 그의 후손인 이스라엘 백성은 복음을 믿지 않았고 그 사명조차 잊어버리고 말았다. 그래서 전체 이스라엘 백성을 통하지 않고 남은 자들을 통해 이방 민족에게 복음을 전해야 할 때가 된 것이다.

하나님은 때가 되었기 때문에 예수님을 이 땅에 보내셨다.

**갈라디아서 4:4-5** 때가 차매 하나님이 그 아들을 보내사 여자에게서 나게 하시고 율법 아래에 나게 하신 것은 율법 아래에 있는 자들을 속량하시고 우리로 아들의 명분을 얻게 하려 하심이라

'때가 차매'는 구체적으로 무엇을 의미하는가? 예수님이 성육신하

신 때는 어떠한 때인가? 이러한 질문에 대한 해답을 찾기 위해 성경 안에서 역사적으로 거슬러 올라가 본다.

하나님은 바벨탑 사건 이후 흩어져 있던 사람들 중에서 한 사람 아브라함을 선택하셨다. 아브라함을 통해 모든 족속을 하나님의 백성으로 삼기 위함이다.

**창세기 12:3** 땅의 모든 족속이 너로 말미암아 복을 얻을 것이라

**갈라디아서 3:8** 또 하나님이 이방을 믿음으로 말미암아 의로 정하실 것을 성경이 미리 알고 먼저 아브라함에게 복음을 전하되 모든 이방인이 너로 말미암아 복을 받으리라 하였느니라

하나님은 아브라함에게 주신 사명을 이루기 위해 아브라함의 후손인 이스라엘 민족을 쓰겠다는 계획을 세우셨다.

이스라엘 민족은 하나님이 그들의 조상 아브라함에게 주신 약속을 지켜야 했다. 모든 민족이 하나님께로 돌아오도록 하는 데에 이스라엘 민족이 쓰임 받아야 했다.

아브라함을 고향 갈대아 우르에서 부르셔서 가나안 땅에 가게 하셨던 하나님께, 이제는 그의 후손 야곱 족속을 민족으로 키우기 위해 요셉을 통해 애굽에 데려가셨다. 하나님은 애굽에서 430년을 지내면서 민족으로 성장한 이스라엘 백성을 다시 가나안 땅으로 오게 하셨다.

하나님은 죄악 때문에 심판 대상인 가나안 땅의 족속에 대해서는 교류하지 말고 진멸하라는 명령을 하셨다. 그러나 다른 모든 이방 족속을 진멸하라고 명령하지는 않으셨다. 하나님은 가나안 땅 족속을 제외한 모든 이방 민족도 궁극적으로 이스라엘 백성과 같이 하나님의 백성이 되기를 원하셨다.

> **신명기 20:12-18** 만일 너와 화평하기를 거부하고 너를 대적하여 싸우려 하거든 너는 그 성읍을 에워쌀 것이며 네 하나님 여호와께서 그 성읍을 네 손에 넘기시거든 너는 칼날로 그 안의 남자를 다 쳐 죽이고 너는 오직 여자들과 유아들과 가축들과 성읍 가운데에 있는 모든 것을 너를 위하여 탈취물로 삼을 것이며 너는 네 하나님 여호와께서 네게 주신 적군에게서 빼앗은 것을 먹을지니라 네가 네게서 멀리 떠난 성읍들 곧 이 민족들에게 속하지 아니한 성읍들에게는 이같이 행하려니와 오직 네 하나님 여호와께서 네게 기업으로 주시는 이 민족들의 성읍에서는 호흡 있는 자를 하나도 살리지 말지니 곧 헷 족속과 아모리 족속과 가나안 족속과 브리스 족속과 히위 족속과 여부스 족속을 네가 진멸하되 네 하나님 여호와께서 네게 명령하신 대로 하라 이는 그들이 그 신들에게 행하는 모든 가증한 일을 너희에게 가르쳐 본받게 하여 너희가 너희의 하나님 여호와께 범죄하게 할까 함이니라

하나님이 일반 이방 민족을 대하시는 방법과 가나안 땅의 족속을 대하시는 방법이 서로 다르다는 것을 알 수 있다. 또한 하나님은 이스라엘의 형제 족속이라고 할 수 있는 에돔, 모압, 암몬 족속도 보

두 번째 무대 신약의 이방인과 복음

호해 주셨다. 하나님은 이스라엘 백성이 출애굽 후 가나안 땅에 들어갈 때 그들과 다투지 말라고 말씀하셨다.

**신명기 2:4-5** 너는 또 백성에게 명령하여 이르기를 너희는 세일에 거주하는 너희 동족 에서의 자손이 사는 지역으로 지날진대 그들이 너희를 두려워하리니 너희는 스스로 깊이 삼가고 그들과 다투지 말라 그들의 땅은 한 발자국도 너희에게 주지 아니하리니 이는 내가 세일 산을 에서에게 기업으로 주었음이라

**신명기 23:7** 너는 에돔 사람을 미워하지 말라 그는 네 형제임이니라

**신명기 2:9, 19** 여호와께서 내게 이르시되 모압을 괴롭히지 말라 그와 싸우지도 말라 그 땅을 내가 네게 기업으로 주지 아니하리니 이는 내가 롯 자손에게 아르를 기업으로 주었음이라…암몬 족속에게 가까이 이르거든 그들을 괴롭히지 말고 그들과 다투지도 말라 암몬 족속의 땅은 내가 네게 기업으로 주지 아니하리니 이는 내가 그것을 롯 자손에게 기업으로 주었음이라

그리고 하나님은 이삭의 이복형인 이스마엘에게도 함께하신다고 약속하면서 하나의 민족을 이루겠다고 말씀하셨다.

**창세기 21:13, 20** 그러나 여종의 아들도 네 씨니 내가 그로 한 민족을 이루게 하리라 하신지라…하나님이 그 아이와 함께 계시매

그가 장성하여 광야에서 거주하며 활 쏘는 자가 되었더니

하나님은 가나안 땅 족속이 아닌 다른 이방인에 대해서는 구약시대부터 열린 마음을 갖고 계셨다.

요셉은 애굽의 이방 제사장의 딸과 결혼해서 므낫세와 에브라임을 낳았다. 그 두 아들이 이스라엘의 열두 지파에 소속되었다. 이방 여인 라합과 룻은 다윗의 족보에 편입되어 예수님의 조상 계보에 들어갔다.

솔로몬 왕 시절에도 이방인에 대한 열린 마음이 있었다. 솔로몬 왕은 성전 봉헌식에서 하나님이 이방인의 기도를 들어주시고 이방인도 하나님을 경외하게 해 달라고 기도했다.

**열왕기상 8:41-43, 60** 또 주의 백성 이스라엘에 속하지 아니한 자 곧 주의 이름을 위하여 먼 지방에서 온 이방인이라도 그들이 주의 크신 이름과 주의 능한 손과 주의 펴신 팔의 소문을 듣고 와서 이 성전을 향하여 기도하거든 주는 계신 곳 하늘에서 들으시고 이방인이 주께 부르짖는 대로 이루사 땅의 만민이 주의 이름을 알고 주의 백성 이스라엘처럼 경외하게 하시오며 또 내가 건축한 이 성전을 주의 이름으로 일컫는 줄을 알게 하옵소서…이에 세상 만민에게 여호와께서만 하나님이시고 그 외에는 없는 줄을 알게 하시기를 원하노라

구약의 선지자들을 통해 이방인도 하나님을 믿게 될 것이라는 예언은 계속되어 왔다.

**이사야 56:7** 내가 곧 그들을 나의 성산으로 인도하여 기도하는 내 집에서 그들을 기쁘게 할 것이며 그들의 번제와 희생을 나의 제단에서 기꺼이 받게 되리니 이는 내 집은 만민이 기도하는 집이라 일컬음이 될 것임이라

**말라기 1:11** 만군의 여호와가 이르노라 해 뜨는 곳에서부터 해 지는 곳까지의 이방 민족 중에서 내 이름이 크게 될 것이라 각처에서 내 이름을 위하여 분향하며 깨끗한 제물을 드리리니 이는 내 이름이 이방 민족 중에서 크게 될 것임이니라

그러나 예수님 당시 이스라엘 백성들에게는 이방인에 대한 거부감 문제가 심각했다. 이와 관련하여 당시 유대인들의 문제는 크게 두 가지로 분류된다.

첫째, 당시 유대인들은 자기들만 하나님의 택한 백성이라고 여겼다. 이방인들은 하나님 백성이 될 자격이 없다고 생각했다. 그래서 다른 민족에게 하나님 말씀을 전하는 것을 거부했다. 자기 민족에게 수직 전도만 하고 다른 민족에게 수평 전도는 하지 않았다.

둘째, 복음을 믿지 못했다. 구약시대에 유대인들은 율법 속에 상징으로 있는 복음을 깨닫지 못했다. 그리고 예수님이 성육신하신 후

에도 복음 자체이신 예수님을 믿지 못했다. 더 나아가 예수님을 신성모독죄로 십자가에 못 박아 죽였다.

따라서 이스라엘 민족은 하나님이 그들의 조상 아브라함과 언약을 맺으신 목적과 율법 속에 복음을 주신 목적을 잃어버렸다. 그래서 이스라엘 백성을 뒤로하고 우선 이방인에게 복음을 전해야 하는 때가 되었다. '때가 차매'라는 말 속에는 이러한 의미가 포함되어 있다.

하나님은 복음을 거부하는 대부분의 이스라엘 백성을 사용하지 않으시고, 그들 중에서 복음을 믿음으로써 남은 소수의 사람들을 사용하셨다.

바울은 이방 나라에 가서 선교할 때 각 지역에서 먼저 유대인의 회당에 가서 복음을 전했다. 그러나 대부분의 유대인들은 복음을 받아들이지 않았다. 그래서 바울은 유대인을 제쳐 놓고 이방인에게로 가서 복음을 전하게 되었다.

> **사도행전 13:46** 바울과 바나바가 담대히 말하여 이르되 하나님의 말씀을 마땅히 먼저 너희에게 전할 것이로되 너희가 그것을 버리고 영생을 얻기에 합당하지 않은 자로 자처하기로 우리가 이방인에게로 향하노라

그러므로 하나님은 예수님의 성육신을 다른 때가 아니라 바로 이

러한 시대 상황에 맞추어 단행하셨다.

하나님이 구약에서 이스라엘을 대하는 방식과 신약에서 이방인을 대하는 방식은 다르다.

이스라엘에 대해서는 먼저 언약을 맺으면서 율법을 주셨다. 율법 속에 복음이 상징으로 들어 있었다. 유월절 어린양과 제사 제도 등에 예수님에 관한 내용이 상징으로 들어 있었다. 이스라엘은 율법을 잘 지키면 율법 속에 상징으로 있는 복음을 믿게 되는 것이었다. 이처럼 복음을 믿음으로써 구원을 받아 언약 백성의 신분을 유지할 수 있었다. 율법 속에 있는 복음을 믿는 것이 율법 지킴의 핵심이었다.

그러나 이방인은 언약도 맺지 않고 율법도 받지 못했다. 그들이 하나님의 백성이 되려면 먼저 복음을 믿어야 한다. 그들 중에 복음을 믿는 자가 하나님의 백성이 된다. 이방인이 복음을 믿기 위해서는 그들이 알 수 있도록 복음이 드러나야 한다. 그래서 복음 자체이신 예수님이 성육신하셨다.

구약에서는 율법 속에 상징으로 있던 복음이 신약시대에는 누구나 알 수 있게 전면에 드러난다. 이처럼 때가 되었을 때에 하나님은 예수님을 구원자로 이 땅에 보내셨다.

# 복음의 등장

구약에서는 복음이 율법 속에 상징으로 들어 있었는데, 신약에서는 복음 자체이신 예수님이 성육신하셔서 이 땅에 등장하셨다. 우선은 율법을 받지 못한 이방인들에게 복음을 전하기 위한 조치이다. 이방인들은 온 세상이 알 수 있도록 드러난 복음을 믿고 구원 받을 수 있게 되었다. 신약시대에는 유대인이든 이방인이든 복음 자체이신 예수님을 믿을 때 구원을 받는다.

**마가복음 1:1**  하나님의 아들 예수 그리스도의 복음의 시작이라

**로마서 3:21-22**  이제는 율법 외에 하나님의 한 의가 나타났으니 율법과 선지자들에게 증거를 받은 것이라 곧 예수 그리스도를 믿음으로 말미암아 모든 믿는 자에게 미치는 하나님의 의니 차별이 없느니라

구약에서는 복음이 모세를 통해 주신 율법 속에 상징으로 들어 있다. 또한 선지자들의 예언을 통해 선지서에 비유적으로 기록되어 있다. 그리고 시편에도 복음이 들어 있다.

그 복음의 실체이신 예수님이 인간의 몸을 입고 이 땅에 오셨다. 이 땅에 성육신하신 예수님이 구약에 예언된 메시아이시다. 따라서 신약시대에는 유대인이든 이방인이든 누구라도 예수님을 믿으면 차별 없이 구원을 받게 된다.

그런데 하나님은 구약시대 유대인들의 바벨론 포로 시절부터 적극적으로 신약의 복음시대를 준비하셨다. 그중에 한 가지 중요한 것이 회당 제도다.

바벨론 포로 시절에 회당 제도가 생겨났다. 바벨론에는 성전이 없기 때문에 유대인들이 하나님께 제사를 드릴 수 없었다. 그래서 유대인들은 대신에 회당을 세워 거기서 성경을 가르치고 율법을 교육했다. 이러한 전통이 신약시대에 이스라엘 나라에도 이어져서 예수님도 어린 시절부터 나사렛 회당에서 구약성경을 배우고 율법 교육을 받으셨다. 공생애 시절에는 회당에서 구약성경을 가르치기도 하셨다.

당시 회당 제도는 신약시대 교회의 예배 제도와 닮은 점이 많았다. 가장 중요하게 닮은 점은 동물의 피의 제사가 없다는 것이다. 바벨론 포로 시절을 기회로 하나님은 제사 없는 예배 제도를 준비하신 셈이다.

신약시대에 예수님의 십자가 죽음 이후에는 동물의 피로 제사를 드리는 것 대신에 예수님의 십자가 보혈을 기념하면서 예배드린다.

**히브리서 9:12**  염소와 송아지의 피로 하지 아니하고 오직 자기의 피로 영원한 속죄를 이루사 단번에 성소에 들어가셨느니라

**로마서 10:9**  네가 만일 네 입으로 예수를 주로 시인하며 또 하나님께서 그를 죽은 자 가운데서 살리신 것을 네 마음에 믿으면 구원을 받으리라

예수님이 자신의 몸으로 단번에 드린 속죄 제물은 영원한 효과가 있기 때문에 신약에서는 더 이상 동물 제사를 드릴 필요가 없게 되었다. 제사 대신에 예배를 드리면서 복음 자체이신 예수님의 십자가 보혈을 믿으면 구원이 이루어진다.

**로마서 1:16-17**  내가 복음을 부끄러워하지 아니하노니 이 복음은 모든 믿는 자에게 구원을 주시는 하나님의 능력이 됨이라 먼저는 유대인에게요 그리고 헬라인에게로다 복음에는 하나님의 의가 나타나서 믿음으로 믿음에 이르게 하나니 기록된바 오직 의인은 믿음으로 말미암아 살리라 함과 같으니라

## 제11장

# 신약에서 복음과 율법

구약시대에 율법을 지켜서 구원을 받는다는 것은 율법 속에 있는 복음을 믿을 때 구원을 받는다는 의미이다. 신약시대에는 예수님이 율법 속에 상징으로 있는 복음을 성취하셨다. 따라서 신약시대에는 율법의 기능들 중에 복음 기능이 제외된다.

복음 자체이신 예수님이 이 땅에 성육신하심으로 복음이 세상에 드러나게 되었다. 유대인뿐만 아니라 이방인까지 복음을 보고 듣고 알아볼 수 있게 되었다. 이에 따라 율법을 대하는 방식이 구약과 신약에서 서로 다르다.

구약시대에 '율법을 지키라'는 명령의 가장 기본적인 의미는 '율법 속에 상징으로 있는 복음을 믿으라'는 것이었다. 구약시대에는 상징으로 있는 복음을 믿는 것이 율법을 지키는 데 있어서 가장 중요한 핵심이었다. 다른 말로 하면 구약시대에 율법을 지켜야 하는 가장 중요한 이유는 상징으로 있는 복음을 믿기 위해서였다.

구약시대에는 율법을 지키면서 복음을 믿은 자들이 구원을 받게 되고 진정한 하나님의 백성으로 인정받았다. 상징으로 있는 복음을 놓치면 다른 율법 규정을 아무리 열심히 지키더라도 구원에서는 탈락한다.

신약시대에는 먼저 복음의 실체이신 예수님을 믿고 구원을 받는다. 구원 받은 후 다른 율법을 지키면서 신앙생활을 한다. 신약시대에 이르러서는 성육신하신 예수 그리스도께서 구약 율법의 복음 기능을 성취하셨다.

따라서 동물의 피로 드리는 제사 제도는 더 이상 필요 없게 되었다. 유월절 어린양을 잡는 의식은 성찬식으로 변경되었다. 아브라함 때부터 언약 백성의 상징이었던 할례도 세례로 변경되었다.

**로마서 10:4**   그리스도는 모든 믿는 자에게 의를 이루기 위하여 율법의 마침이 되시니라

그리스도가 율법의 마침이 되신다는 것은, 일차적으로 그리스도께서 율법의 복음 기능을 성취하셨다는 것을 의미한다. 이처럼 구약 율법의 기능 중에 복음 기능이 성취되었기 때문에 신약에 이르러서는 율법에서 복음 기능이 제외되면서 율법의 기능이 제한 축소된다.

**로마서 3:20** 율법의 행위로 그의 앞에 의롭다 하심을 얻을 육체가 없나니 율법으로는 죄를 깨달음이니라

**로마서 7:7** 율법으로 말미암지 않고는 내가 죄를 알지 못하였으니 곧 율법이 탐내지 말라 하지 아니하였더라면 내가 탐심을 알지 못하였으리라

**갈라디아서 3:24** 율법이 우리를 그리스도께로 인도하는 초등교사가 되어 우리로 하여금 믿음으로 말미암아 의롭다 함을 얻게 하려 함이라

따라서 신약에서 율법은 죄를 깨닫게 하고, 신앙생활의 지침 역할을 한다. 그리고 사람들을 그리스도께로 인도하는 역할을 한다. 즉 사람들이 스스로는 율법을 온전하게 지킬 수 없다는 것을 깨닫고 모든 율법의 요구를 이루신 예수님을 믿어 구원 받고 의지하도록 안내한다.

그러므로 신약에서는 율법보다는 복음을 우선적으로 강조한다. '율법을 지키라'고 명령하지 않고, '복음을 믿으라'고 요청한다.

복음은 구원과 관련되고, 율법은 구원 받은 후 신앙생활과 관련된다. 예수 그리스도의 복음을 믿고 구원 받은 후에 신앙생활을 위해 율법을 지킨다.

구약에서는 복음이 율법 속에 상징으로 들어 있었지만 신약에서

는 복음과 율법이 뚜렷하게 구분된다. 구약이나 신약이나 복음과 성령 역사의 기본 원리는 동일하지만, 신약에서는 복음도 더욱 분명하게 드러나고 성령의 역사도 더욱 뚜렷하게 나타난다.

구약에서는 레위 지파 중에서도 아론의 가문에 속한 사람만이 제사장이 될 수 있었다. 일반 백성들은 제사장의 도움으로 제사를 드리고 하나님께 나아갈 수 있었다.

그러나 신약시대에 와서는 누구라도 예수 그리스도의 보혈을 힘입어 하나님께 예배하며 기도할 수 있게 되었다. 세상의 도움 없이 하나님께 나아갈 수 있게 되었다. 예수 그리스도를 믿고 성령의 역사하심을 따라가면 누구라도 제사장의 역할을 스스로 감당할 수 있게 되었다는 뜻이다.

모든 민족의 구원을 위한 하나님의 '제사장 나라'로 부름 받은 이스라엘 백성은 아브라함에게 주신 이방 선교 사명을 감당하지 못했다.

**출애굽기 19:6** 너희가 내게 대하여 제사장 나라가 되며 거룩한 백성이 되리라 너는 이 말을 이스라엘 자손에게 전할지니라

**창세기 18:18** 아브라함은 강대한 나라가 되고 천하 만민은 그로 말미암아 복을 받게 될 것이 아니냐

대신에 신약의 성도들은 유대인이든 이방인이든 누구라도 '왕 같은 제사장들'로서 이방 선교 사명을 감당할 수 있게 되었다.

**베드로전서 2:5, 9** 너희도 산 돌같이 신령한 집으로 세워지고 예수 그리스도로 말미암아 하나님이 기쁘게 받으실 신령한 제사를 드릴 거룩한 제사장이 될지니라…너희는 택하신 족속이요 왕 같은 제사장들이요 거룩한 나라요 그의 소유가 된 백성이니 이는 너희를 어두운 데서 불러내어 그의 기이한 빛에 들어가게 하신 이의 아름다운 덕을 선포하게 하려 하심이라

# 제12장

# 예루살렘 교회와 안디옥 교회

이스라엘 백성의 선민사상은 다른 민족에게 복음을 전하는 데에 장애가 되었다. 오순절 성령 강림을 통해 예루살렘 교회가 세워졌지만 유대 그리스도인들이 흩어져서 복음을 전할 때 유대인들에게만 복음을 전했다. 이방인과 율법에 대한 그들의 인식을 전환하는 데에는 많은 시간을 필요로 했다. 그래서 하나님은 주로 이방인들로 구성된 안디옥 교회를 사용하셔서 세계만방에 복음을 전하도록 하셨다.

유대교에 익숙해 있던 유대인들로 구성된 예루살렘 교회로서는 구약에서 신약으로 전환하는 놀라운 상황을 거부감 없이 받아들이기에는 힘든 부분들이 있었다. 그래서 그 전환 내용을 받아들이기 위해서는 시간이 필요했다. 그들이 직면한 문제는 크게 두 가지로 분류된다.

첫째, 이방인들에게도 복음을 전해야 하는가의 문제다.

오순절 성령 강림을 체험한 베드로조차도 사도행전 10장에 이르러 고넬료 가정이 성령의 역사하심으로 예수님을 믿는 특별한 경험을 한 후에야 비로소 이방인에게도 구원이 열려 있다는 것을 깨달았다. 당시 예루살렘 교회 교인들은 베드로가 무할례자 고넬료의 집에서 함께 식사한 것에 대해서조차도 비난했다.

**사도행전 11:1-3** 유대에 있는 사도들과 형제들이 이방인들도 하나님의 말씀을 받았다 함을 들었더니 베드로가 예루살렘에 올라갔을 때에 할례자들이 비난하여 이르되 네가 무할례자의 집에 들어가 함께 먹었다 하니

그리고 당시 예루살렘 교회에 대한 박해 때문에 흩어진 유대 그리스도인들도 이방 나라에 가서 유대 교포들에게만 복음을 전하고 있었다.

**사도행전 11:18-19** 그들이 이 말을 듣고 잠잠하여 하나님께 영광을 돌려 이르되 그러면 하나님께서 이방인에게도 생명 얻는 회개를 주셨도다 하니라 그때에 스데반의 일로 일어난 환난으로 말미암아 흩어진 자들이 베니게와 구브로와 안디옥까지 이르러 유대인에게만 말씀을 전하는데

둘째, 이방 그리스도인들도 할례와 율법을 지켜야 하는가의 문제다. 유대 그리스도인들은 이방인들에게도 복음을 전해야 하는 것을

받아들였다 하더라도 또 다른 문제를 지니고 있었다. 그들은 이방인들이 예수를 믿더라도 할례를 받고 율법을 지켜야 구원을 받는다는 것을 계속해서 주장했기 때문이다.

> **사도행전 15:1** 어떤 사람들이 유대로부터 내려와서 형제들을 가르치되 너희가 모세의 법대로 할례를 받지 아니하면 능히 구원을 받지 못하리라 하니

이방인들에게 예수님을 믿고 더불어 할례도 받아야 한다고 강요한다면 예수님의 십자가 복음의 순수성과 완전성을 믿지 못하는 셈이다. 예수 그리스도의 십자가 복음의 의미가 훼손 당하는 것이다. 유대 그리스도인들의 끈질긴 주장에도 불구하고 바울 사도가 끝까지 지키려고 애쓴 것이 바로 예수님의 십자가 복음의 순수성과 완전성이었다.

> **갈라디아서 1:6-9** 그리스도의 은혜로 너희를 부르신 이를 이같이 속히 떠나 다른 복음을 따르는 것을 내가 이상하게 여기노라 다른 복음은 없나니 다만 어떤 사람들이 너희를 교란하여 그리스도의 복음을 변하게 하려 함이라 그러나 우리나 혹은 하늘로부터 온 천사라도 우리가 너희에게 전한 복음 외에 다른 복음을 전하면 저주를 받을지어다 우리가 전에 말하였거니와 내가 지금 다시 말하노니 만일 누구든지 너희가 받은 것 외에 다른 복음을 전하면 저주를 받을지어다

여기서 다른 복음은 할례파 유대 그리스도인들이 전하는 할례를 가리킨다. 바울 사도는 예수 그리스도의 십자가 복음만을 전했다. 바울은 유대 그리스도인들이 예수 그리스도의 복음에 할례를 덧붙여서 전하는 것을 단호하게 거절한 것이다.

**로마서 1:17** 복음에는 하나님의 의가 나타나서 믿음으로 믿음에 이르게 하나니 기록된 바 오직 의인은 믿음으로 말미암아 살리라 함과 같으니라

이 문제를 해결하기 위해 예루살렘 총회가 개최되었다. 예루살렘 총회를 통해 이방인의 율법 지킴에 관한 문제가 일단 정리되었다.

**사도행전 15:19-20** 그러므로 내(야고보) 의견에는 이방인 중에서 하나님께로 돌아오는 자들을 괴롭게 하지 말고 다만 우상의 더러운 것과 음행과 목매어 죽인 것과 피를 멀리하라고 편지하는 것이 옳으니

예루살렘 총회는 이방 그리스도인들이 할례를 받지 않아도 된다고 결의했다. 다만 네 가지 항목의 율법 규정을 지키도록 권면했다. 아마도 이 네 가지 규정은 율법에 민감한 유대 그리스도인들과 이방 풍습에 젖어 있었던 이방 그리스도인들이 공동체 안에서 부딪힘 없이 교제하게 하기 위한 최소한의 규정일 것이다.

본서 주제의 관점에서 보면, 예루살렘 총회의 결의 내용은 구약

에서 율법 속에 있는 복음 기능이 예수님의 십자가 보혈을 통해 성취되었음을 인정한 것이다. 즉 구약에서는 구원을 받기 위해 율법에 상징으로 들어 있는 복음을 믿어야 했는데 예수님이 그 복음의 기능을 완전하게 성취하셨기 때문에 더 이상 율법의 복음 기능을 지킬 필요가 없다는 뜻이다. 다시 말하면 유월절 어린양 의식, 제사 제도 그리고 할례 등을 지킬 이유가 없다는 것이다. 이제는 구원 받기 위해서 예수 그리스도의 십자가 복음만 믿어야 한다는 뜻이다.

그동안 예루살렘 교회의 유대 그리스도인들은 과거 유대교에서 교육받았던 율법 그리고 이방인을 서부했던 인식을 지니고 있기 때문에 이방인들에게 예수 그리스도의 순수한 십자가 복음만을 힘 있게 전파하는 데에는 한계가 있었다.

성령 하나님은 오순절에 강림하셔서 예루살렘 교회를 통해서 모든 민족에게 복음을 전파하기 위한 기반 역할을 하도록 역사하셨다. 이로부터 10여 년 후에 성령 하나님은 이방인들을 중심으로 이방 나라에 설립된 안디옥 교회에 임하셔서 이방 선교를 위해 준비된 바울을 공식적으로 이방 선교사로 파송하도록 하셨다.

**사도행전 11:20-21** 그중에 구브로와 구레네 몇 사람이 안디옥에 이르러 헬라인에게도 말하여 주 예수를 전파하니 주의 손이 그들과 함께 하시매 수많은 사람들이 믿고 주께 돌아오더라

**사도행전 13:1-3** 안디옥 교회에 선지자들과 교사들이 있으니

곧 바나바와 니게르라 하는 시므온과 구레네 사람 루기오와 분봉
왕 헤롯의 젖동생 마나엔과 및 사울이라 주를 섬겨 금식할 때에 성
령이 이르시되 내가 불러 시키는 일을 위하여 바나바와 사울을 따
로 세우라 하시니 이에 금식하며 기도하고 두 사람에게 안수하여 보
내니라

이때부터 안디옥 교회가 이방 선교의 교두보 역할을 하게 되었다.

# 바리새인의 율법 문제

바리새인은 율법을 전문적으로 연구하고 철저하게 지키려는 사람들이었다. 그런데 그들은 예수님을 믿지 못했다. 예수님으로부터 천국에 들어가지 못한다는 책망을 받았다. 그들이 율법을 지킬 때 구약에서 모세를 통해 가르쳐 주신 올바른 원리를 따르지 않았기 때문이다.

## (1) 율법의 행위

바리새인들은 율법을 전문적으로 연구하고 지킨다고 자부하는 자들이다. 그러나 그들은 예수님으로부터 천국에 들어가지 못한다는 책망을 받았다. 그들에게 무엇이 문제가 되었는가?

**갈라디아서 2:16** 사람이 의롭게 되는 것은 율법의 행위로 말미암음이 아니요 오직 예수 그리스도를 믿음으로 말미암는 줄 알므로 우리도 그리스도 예수를 믿나니 이는 우리가 율법의 행위로써가 아니고 그리스도를 믿음으로써 의롭다 함을 얻으려 함이라 율법의 행위로써는 의롭다 함을 얻을 육체가 없느니라

"율법의 행위로써는 의롭다 함을 얻을 육체가 없느니라"에 해답이 있다. 바리새인들은 율법의 행위를 했기 때문에 구원을 받지 못했다는 것이다. 위의 구절에서 '율법의 행위로써'라는 문구는 '그리스도를 믿음으로써'라는 문구와 대조된다.

그러면 율법의 행위란 무엇인가? 간단하게 말한다면 마음 없이 믿음 없이 율법을 행하는 것이다. 즉 복음이라는 알맹이를 빼고 율법을 지키는 행위다.

위의 말씀에서 '의롭다 함'이라는 말은 구원과 관련된 용어다. 따라서 "율법의 행위로써는 의롭다 함을 얻을 육체가 없느니라"는 문장은 그들의 율법의 행위에는 구원이 포함되어 있지 않다는 것을 나타낸다.

**로마서 9:32** 어찌 그러하냐 이는 그들이 믿음을 의지하지 않고 행위를 의지함이라 부딪칠 돌에 부딪쳤느니라

그들은 율법을 지키는 원리에 따라 율법을 지켜 행하려고 하지 않고, 그냥 단순히 율법 규정을 스스로 행함으로써 율법을 지켰다고 여겼다.

하나님은 이미 구약성경에서 율법 지키는 원리를 알려 주셨다. 쉐마 공식의 원리와 새 언약의 원리다. 한마디로 지켜 행하는 원리다.

하나님이 모세를 통해 쉐마 공식에서 "이스라엘아 들으라"(신 6:4)라고 말씀하신 것은 바로 율법 지키는 원리를 새겨들으라는 의미였다. 바리새인들은 율법을 열심히 지키려고 애썼지만, 이 기본 원리를 적용하지는 않았다. 이 기본 원리를 놓치면 믿음을 놓치게 된다. 결국 복음을 믿지 못하게 된다.

**갈라디아서 3:5** 너희에게 성령을 주시고 너희 가운데서 능력을 행하시는 이의 일이 율법의 행위에서냐 혹은 듣고 믿음에서냐

바리새인들은 율법을 행할 때 마음에 새기지 않고 곧바로 행동으로 옮겼다. 율법책에 기록되어 있다는 이유로 단순히 율법 규정에 따라 행했다. 마음에 새기지 않았기 때문에 성령께서 역사하지 않으셔서 믿음이 발생하지 않았다.

그래서 바리새인들은 율법의 핵심인 복음을 놓쳤다. 복음을 놓치면 다른 율법 규정들을 아무리 열심히 지킨다 해도 하나님 앞에서는 아무 의미가 없게 된다. 우선 율법 속에 있는 복음을 믿은 후에 다른 율법 규정을 지켜 행할 때 하나님이 인정하신다.

**고린도후서 3:6** 그가 또한 우리를 새 언약의 일꾼 되기에 만족하게 하셨으니 율법 조문으로 하지 아니하고 오직 영으로 함이니 율법

조문은 죽이는 것이요 영은 살리는 것이니라

율법 지키는 원리에 따르지 않고 그냥 행하는 바리새인들에게는 율법이 살리는 역할을 하는 것이 아니라 오히려 영적으로 죽이는 역할을 한 셈이다. 그들이 구원 받는 믿음이 발생하지 않은 상태에서 율법 규정만을 행하기 때문이다.

올바른 원리에 따라 율법을 지켜 행하면 성령께서 역사하시기 때문에 믿음이 생기고, 복음을 믿게 되고, 구원을 받게 된다. 지켜 행하는 원리에 따라 율법을 지키면 생명의 역사가 일어난다.

바리새인들에게 믿음이 없었다는 결정적인 증거는 그들이 복음 자체이신 예수님을 믿지 않았다는 것이다. 이러한 사실은 바리새파 율법학자였던 바울(사울)의 과거 율법 체험 고백을 통해서도 알 수 있다.

**빌립보서 3:5-9** 나는 팔일 만에 할례를 받고 이스라엘 족속이요 베냐민 지파요 히브리인 중의 히브리인이요 율법으로는 바리새인이요 열심으로는 교회를 박해하고 율법의 의로는 흠이 없는 자라 그러나 무엇이든지 내게 유익하던 것을 내가 그리스도를 위하여 다 해로 여길뿐더러 또한 모든 것을 해로 여김은 내 주 그리스도 예수를 아는 지식이 가장 고상하기 때문이라 내가 그를 위하여 모든 것을 잃어버리고 배설물로 여김은 그리스도를 얻고 그 안에서 발견되려 함이니 내가 가진 의는 율법에서 난 것이 아니요 오직 그리스도를 믿음으로 말미암은 것이니 곧 믿음으로 하나님께로부터 난 의라 과거 바울은 전문적으로 율법을 연구하는 자로서 율법의 의로는 흠이 없을 정도로 철저하게 율법을 지켰다고 자랑했다. 그러나 다메섹으로 가는 도중에 부활하신 예수님을 만난 후에는 과거 자신의 삶의 방식에 아무 의미가 없다는 것을 깨달았다.

율법학자 시절의 바울은 잘못된 방식으로 율법을 지켰다. 율법을 마음에 새기면 성령께서 역사하셔서 깨닫게 되고 믿음이 생긴다. 마음에 발생한 믿음에 따라 몸으로 율법을 실천한다. 이것이 율법을 지키는 올바른 방식이다. 따라서 바리새파 시절의 바울의 열정은 성령에 의한 믿음으로 말미암은 것이 아니라, 단순히 인간적인 종교적 열정이었다.

**로마서 10:2-3** 내가 증언하노니 그들이 하나님께 열심이 있으나 올바른 지식을 따른 것이 아니니라 하나님의 의를 모르고 자기 의를 세우려고 힘써 하나님의 의에 복종하지 아니하였느니라

바리새인들이 열심히 추구한 것은 올바른 지식에 의한 것이 아니었다. 그들은 성령의 도우심 없이 자기 스스로의 힘으로 율법을 지키면서 의롭게 살아가려고 애를 썼다. 위의 구절에 나오는 올바른 지식은 구약의 지켜 행하는 원리 즉 쉐마 공식의 원리와 상통한다.

**신명기 4:5-6** 너희는 지켜 행하라 이것이 여러 민족 앞에서 너희의 지혜요 너희의 지식이라

예수님은 마지막 유월절 만찬 후 제자들에게 사울과 같은 바리새인들이 하나님과 예수님을 깨닫지 못하기 때문에 제자들을 박해할 것이라고 예고하셨다.

**요한복음 16:2-3** 사람들이 너희를 출교할 뿐 아니라 때가 이르면 무릇 너희를 죽이는 자가 생각하기를 이것이 하나님을 섬기는 일이라 하리라 그들이 이런 일을 할 것은 아버지와 나를 알지 못함이라

바리새인들에게는 올바른 지식이 없었기 때문에 올바른 판단을 할 수 없었다. 그들은 하나님이 무엇을 원하시는지도 잊어버렸고, 예수님에 관해서도 올바로 알지 못했다. 그렇기 때문에 그들은 예수 믿는 자들을 박해했다.

예수님은 사람들이 하나님과 예수 그리스도를 알 때 영생을 얻는다고 말씀하신다.

**요한복음 17:3** 영생은 곧 유일하신 참 하나님과 그가 보내신 자 예수 그리스도를 아는 것이니이다

바리새인들은 나름대로 유일하신 하나님을 인정하기는 했지만 하나님과 예수님을 올바르게 알지 못했고, 진정으로 하나님의 의도를 깨닫지 못했다.

### (2) 바리새인과 쉐마 공식

바리새인들의 율법의 행위를 쉐마 공식(신 6:4-9)에 대입하면 다음과 같다.

쉐마 공식에는 네 단계가 있다.

첫째 단계, 하나님 백성의 자격
"우리 하나님 여호와는 오직 유일한 여호와이시니"(4절).
둘째 단계, 율법 지킴의 목표
"너는 마음을 다하고 뜻을 다하고 힘을 다하여 네 하나님 여호와를 사랑하라"(5절).
셋째 단계, 목표를 이루기 위한 방법
"오늘 내가 네게 명하는 이 말씀을 너는 마음에 새기고"(6절).
넷째 단계, 자녀에게 전수
"네 자녀에게 부지런히 가르치며"(7절).

바리새인들은 쉐마 공식의 첫째와 넷째 단계에 대해서는 철저하게 지키려고 애를 썼다. 그러나 둘째와 셋째 단계를 올바로 지키지 못했다. 즉 마음과 관련된 항목을 무시한 것이다.

바리새인들은 구약의 이스라엘 백성들과는 다르게 다른 신을 믿거나 우상숭배도 하지 않았다. 그들은 유일하신 하나님을 섬기려고 애를 썼다. 그러나 올바른 지식을 따른 것이 아니기 때문에 내면적으로는 심각한 문제가 발생했다.

즉 바리새인들은 율법을 마음에 새기지 못했다. 따라서 마음속으로는 하나님의 의도를 모르면서 겉으로만 율법의 행위를 한 것이다. 하나님과 인격적인 관계가 없었다. 단순히 율법 규정의 문자를 따르는 행위를 했다. 율법을 마음에 새기지 않았기 때문에 성령께서 역사하지 않으셨고 믿음이 생기지 않았다.

**고린도후서 3:6**  그가 또한 우리를 새 언약의 일꾼 되기에 만족하게 하셨으니 율법 조문으로 하지 아니하고 오직 영으로 함이니 율법 조문은 죽이는 것이요 영은 살리는 것이니라

그 결과 바리새인들은 형식화된 율법의 행위를 하게 되었고 외식주의에 빠져들게 되었다. 율법의 행위와 대조되는 것은 믿음의 행위다. 믿음의 행위는 마음으로부터 믿음으로부터 나오는 행위다.

쉐마 공식을 이스라엘 백성에게 적용해 보면 다음과 같다.

다윗은 쉐마 공식 4단계를 모두 올바로 지켰다. 이스라엘 역사에서 가장 훌륭한 왕이 되었다.

예레미야와 에스겔 선지자 당시 남유다는 심하게 우상숭배를 함으로써 쉐마 공식에서 유일하신 하나님을 믿으라는 제1단계부터 철저히 무시했다. 십계명의 제1, 2계명을 심각하게 어겼다. 결국 바벨

론에게 멸망했다.

예수님 당시 바리새인들은 제1,4단계는 철저히 지키려고 애를 썼지만, 제2, 3단계를 무시했기 때문에 그들의 신앙은 형식화되었고 외식주의에 빠졌다. 예수님을 믿지 못했다. 결국 로마에 의해 멸망했다.

오늘날 유대인들은 쉐마 공식 제2, 3단계를 중요하게 여기지 않았던 바리새인의 전통을 따르고 있다고 하겠다. 왜냐하면 우상숭배는 하지 않지만 예수님을 믿지 않고 있기 때문이다. 구약성경은 인정하면서도 신약성경은 인정하지 않는다. 복음에 대한 깨달음이 없기 때문이다.

이스라엘 백성은 마땅히 쉐마 공식 4단계 모두를 올바로 지킨 다윗의 모범을 따라야 했다. 안타깝게도 그들은 자신들의 믿음의 조상 아브라함과 다윗의 모범을 따르지 못했다.

이상의 내용을 통해 왜 이스라엘 백성이 율법을 지키는 데에 실패했는지가 밝혀지게 된다. 그들은 율법을 지키는 원리를 무시했다. 그래서 신앙의 핵심인 복음을 놓치고 형식적인 것만을 붙들었다. 이것이 하나님의 언약 백성인 이스라엘이 결국 신약시대에 이르러서는 대부분 언약에서 탈락하고 겨우 소수의 남은 자만이 구원받게 된 이유이다.

### (3) 사람의 전통

바리새인들은 성령의 도움 없이 인간의 힘으로 율법을 행하려고 애를 썼다. 그러나 인간의 힘으로 율법을 지키는 데에는 한계가 있다.

그럼에도 불구하고 그들은 나름대로 율법을 잘 지키려고 세부 규정을 만들었다. 예를 들면 "안식일을 기억하여 거룩하게 지키라"는 제4계명과 "너는 엿새 동안 일하고 일곱째 날에는 쉴지니 밭 갈 때에나 거둘 때에도 쉴지며"(출 34:21)라는 율법 규정에 추가해서 추수 금지, 타작 금지 등과 같은 세부 규정을 만들었다. 이러한 세부 규정에 따라 안식일에는 밀 이삭을 손으로 비벼 먹으면 안 된다고 주장했다.

이러한 세부 규정들이 '사람의 전통', '사람의 계명' 또는 '장로들의 유전'이다.

그들은 규정들을 지키려고 열심히 행했지만, 예수님으로부터 칭찬이 아니라 책망을 받았다. 하나님이 주신 계명을 버리고 사람이 만든 전통을 따랐기 때문이다.

**마가복음 7:8**   너희가 하나님의 계명은 버리고 사람의 전통을 지키느니라

예수님이 공생애 사역 기간 동안 바리새인들로부터 비난 받은 것은 율법을 어겼기 때문이 아니라 그들이 만든 세부 규정 즉 사람의 전통을 어겼기 때문이다.

율법을 지킬 때 바리새인들은 세부 규정에 관심을 갖는 반면에

예수님은 율법 정신에 관심을 가지셨다. 예수님은 율법을 제정하신 하나님의 의도를 파악하면서 율법 규정들을 지키셨다. 하나님의 의도를 파악하고 율법 정신을 살릴 때 율법을 올바로 지키게 된다.

하나님의 의도를 파악하려면 하나님과 인격적인 교제가 이루어지면서 마음과 마음이 통해야 한다. 마음과 마음이 통하지 않고 인격적인 교제가 없으면 형식적으로 율법을 지키게 된다. 형식이 지나치면 외식주의가 된다. 외식주의가 되면 알맹이 즉 핵심 내용은 사라진다.

**마태복음 23:23** 화 있을진저 외식하는 서기관들과 바리새인들이여 너희가 박하와 회향과 근채의 십일조는 드리되 율법의 더 중한 바 정의와 긍휼과 믿음은 버렸도다 그러나 이것도 행하고 저것도 버리지 말아야 할지니라

**누가복음 11:42** 화 있을진저 너희 바리새인이여 너희가 박하와 운향과 모든 채소의 십일조는 드리되 공의와 하나님께 대한 사랑은 버리는도다 그러나 이것도 행하고 저것도 버리지 말아야 할지니라

바리새인들은 세부 규정에 힘쓰다가 율법 정신을 살리지 못했다. 모든 채소의 십일조는 드렸으나 그 행위와 더불어 정의와 긍휼과 믿음과 사랑을 중요하게 여기시는 하나님의 의도를 파악하지는 못했다. 그래서 엄격하게 율법을 지키려고 애썼지만, 하나님의 의도와는 상관없이 자기 생각대로 자기 나름대로의 기준으로 율법을 지키게

되었다.

성령을 통해 역사하시는 하나님의 도우심을 무시하고 자기들 스스로 율법을 지키려고 애쓴 결과라고 하겠다. 이러한 결과에 대해서는 예수님을 만나기 전 바울이 보여 주었다.

**빌립보서 3:5-9** 나는 팔일 만에 할례를 받고 이스라엘 족속이요 베냐민 지파요 히브리인 중의 히브리인이요 율법으로는 바리새인이요 열심으로는 교회를 박해하고 율법의 의로는 흠이 없는 자라 그러나 무엇이든지 내게 유익하던 것을 내가 그리스도를 위하여 다 해로 여길뿐더러 또한 모든 것을 해로 여김은 내 주 그리스도 예수를 아는 지식이 가장 고상하기 때문이라

바울은 과거 시절에 바리새파 율법 전문가로서 자기가 생각하는 율법의 기준으로는 흠이 없는 삶을 살았다고 말한다. 그러나 예수님을 만난 후에는 바리새파 시절의 율법 지키는 방법이 아무 의미가 없을 뿐만 아니라 오히려 예수님을 믿는 데 방해가 된다는 것을 깨달았다고 고백한다.

### (4) 말씀 맡음

아브라함의 후손인 이스라엘 백성 중 다수가 복음을 믿는 것에 실패하고 세계 선교 사명을 감당하지 못했다. 그렇지만 그들이 수행한 큰 역할이 있다.

**로마서 3:1-2**  그런즉 유대인의 나음이 무엇이며 할례의 유익이 무엇이냐 범사에 많으니 우선은 그들이 하나님의 말씀을 맡았음 이니라

하나님은 이스라엘 백성에게 말씀을 주셔서 모세오경을 기록하게 하셨고, 그 후에 구약성경 전체를 주셨다. 즉 하나님의 말씀을 문서로 기록하게 하셨다.

그 이전까지는 구전으로 즉 입에서 입으로 전하면서 신앙을 이어 왔다. 그 시기에는 구진의 내용을 후대에 전달할 때 세월이 흐를수록 정확성에 있어서 많은 어려움이 발생했을 것이라고 짐작할 수 있다. 창조 신화나 홍수 이야기가 전 세계적으로 널리 퍼져 있다. 문서로 기록되지 않았기 때문에 구전으로 엇비슷하게 변형되어 전달되었으리라 추측된다.

하나님은 이스라엘 백성에게 기록된 구약성경을 통해 천지창조와 노아 홍수를 비롯해서 하나님의 계획을 정확하게 계시해 주셨다. 이후에는 기록된 성경에 따라 신앙생활을 하게 하셨다. 이스라엘 백성은 기록된 하나님의 말씀 즉 성경을 맡아서 충실하게 보존해 왔다.

그러나 이스라엘 백성은 기록된 하나님 말씀을 그대로 보존하는 일은 충실하게 수행했지만, 그들 대부분은 하나님 말씀을 자신들의 마음속에 지키는 것에는 실패했다. 결국 그들은 말씀을 지니고 있으

면서도 복음을 믿지는 못했다.

**사도행전 7:53** 너희는 천사가 전한 율법을 받고도 지키지 아니하였도다

**히브리서 4:2** 그들과 같이 우리도 복음 전함을 받은 자이나 들은 바 그 말씀이 그들에게 유익하지 못한 것은 듣는 자가 믿음과 결부시키지 아니함이라

이스라엘 백성이 말씀을 맡아 있었으면서도 믿음을 갖는 것에 실패한 이유는 말씀을 믿음과 연결시키지 못했기 때문이다. 말씀을 믿음과 연결시키려면 말씀을 마음에 새겨야 한다. 말씀을 마음에 새길 때 성령께서 역사하셔서 말씀에 대한 믿음을 주신다.

예수님은 바리새인들, 특히 율법교사를 책망하셨다. 그들은 하나님의 말씀을 가지고 있으면서 자신들도 천국에 들어가지 않고 다른 사람들도 들어가지 못하게 막았기 때문이다.

**누가복음 11:52** 화 있을진저 너희 율법교사여 너희가 지식의 열쇠를 가져가서 너희도 들어가지 않고 또 들어가고자 하는 자도 막았느니라 하시니라

모세 언약(시내 산 언약과 모압 언약) 때에 하나님은 율법(말씀)을 주시면서 그 율법을 지키는 방법도 가르쳐 주셨다. 율법을 지키는 방법

이 쉐마 공식(신 6:4-9)이다. 쉐마 공식에서 '말씀을 마음에 새기라'는 세 번째 항목이 매우 중요하다. 마음에 새길 때 성령께서 역사하셔서 믿음이 발생하게 하시기 때문이다. 하나님은 신명기에서 '지켜 행하라'는 명령을 통해 그리고 새 언약을 통해 끊임없이 말씀을 마음에 새기는 방법을 가르쳐 주셨다.

그럼에도 불구하고 이스라엘 백성은 올바로 율법 지키는 방법을 무시하고 자기들 나름대로 율법을 지켜 왔다. 이것이 그들이 복음을 믿는데 실패한 이유다.

(5) 바리새인의 외식주의

예수님은 바리새인들의 외식에 관하여 말씀하시면서 이사야 선지자의 글을 인용하셨다.

> **마태복음 15:7-9** 외식하는 자들아 이사야가 너희에 관하여 잘 예언하였도다 일렀으되 이 백성이 입술로는 나를 공경하되 마음은 내게서 멀도다 사람의 계명으로 교훈을 삼아 가르치니 나를 헛되이 경배하는도다 하였느니라

구약 이사야 시대의 현상이 예수님 당시에도 나타나고 있음을 보여 준다. 이는 이사야 시대의 외식주의 문제가 예수님 당시에도 동일하게 발생했다는 뜻이다. 외식주의는 구약시대뿐만 아니라 신약시대에도 심각한 문제였다.

바리새인들의 외식주의 문제의 원인은 어디에 있는가? 마음의 문제가 그 원인이었다. 입으로는 하나님을 공경한다고 말하지만 마음으로는 공경하지 않았다. 공경하는 마음 없이 겉으로만 하나님을 공경한다고 말한 것이다.

하나님은 사람들이 마음 없이 하나님을 섬기는 것을 기뻐하지 않으신다. 마음이 없으면 믿음이 없는 것이기 때문에 마음 없는 섬김은 믿음 없는 섬김이 된다. 하나님은 믿음 없는 섬김을 받아 주지 않으신다. 그래서 하나님은 이사야 선지자 당시 이스라엘 백성이 '나를 헛되이 경배하는도다'고 말씀하셨다.

예수님은 바리새인들의 외식주의를 강하게 비판하셨다.

> **마태복음 23:27** 화 있을진저 외식하는 서기관들과 바리새인들이여 회칠한 무덤 같으니 겉으로는 아름답게 보이나 그 안에는 죽은 사람의 뼈와 모든 더러운 것이 가득하도다

외식주의는 겉과 속이 다른 것을 의미한다. 겉으로는 신앙이 있는 것처럼 보이지만 속에는 신앙심이 없다. 신앙의 핵심인 복음을 놓치고 다른 것에 관심을 가지면서 겉으로 드러내는 형식적인 종교 생활을 하게 된다.

> **마태복음 23:13** 화 있을진저 외식하는 서기관들과 바리새인들이여 너희는 천국 문을 사람들 앞에서 닫고 너희도 들어가지 않고 들

어가려 하는 자도 들어가지 못하게 하는도다

외식주의는 마음 없이 믿음 없이 형식적인 종교 생활을 하는 것이다. 믿음이 없기 때문에 결국 천국에도 들어가지 못한다.

**고린도후서 3:14-16** 그러나 그들의 마음이 완고하여 오늘까지도 구약을 읽을 때에 그 수건이 벗겨지지 아니하고 있으니 그 수건은 그리스도 안에서 없어질 것이라 오늘까지 모세의 글을 읽을 때에 수건이 그 마음을 덮었도다 그러나 언제든지 주께로 돌아가면 그 수건이 벗겨지리라

구약에 상징으로 있던 복음이 신약에서는 예수님의 성육신 그리고 십자가 죽으심을 통해 완전히 드러났다. 그런데 대부분 유대인들은 구약시대뿐만 아니라 바울 당시까지도 복음을 깨닫지 못하고 있었다. 성육신하신 복음의 실체 예수님을 믿지 못했다. 그들의 마음이 완고했기 때문에 말씀, 즉 복음을 마음에 담아 두지 못하고 배척했다. 복음에 대한 믿음이 발생하지 않았다.

제14장

# 예수님의 마음 강조

당시 유대인들이 율법을 올바로 지키지 못하고 예수님을 믿지 못한 것은 그들의 마음의 자세에 문제가 발생했기 때문이다. 그래서 예수님은 첫 설교인 산상수훈에서 먼저 마음에 관한 설교를 하셨다. 씨 뿌리는 비유에서도 마음의 중요성을 강조하셨다. 사도 바울도 로마서에서 마음으로 믿으라고 강조했다.

## (1) 산상수훈

신약시대에 이르러 말세적인 상황에서 예수님의 첫 번째 선포는 회개였다.

마태복음 4:17  회개하라 천국이 가까이 왔느니라

예수님 당시에도 구약시대에 남유다가 바벨론에게 멸망하는 시기에 있었던 말세 현상이 나타났다. 구약시대 남유다가 멸망한 가장 큰 이유는 우상 숭배였다.

예수님 당시 유대인들은 구약시대 이스라엘 백성과는 다르게 우상을 숭배하지는 않았다. 반면에 외식주의가 가장 큰 문제였다. 예수 그리스도를 깨닫지 못할 정도로 외식주의가 심각했다. 결국 그들은 외식주의에서 벗어나지 못한 채 주후 70년에 로마에게 멸망 당하였다.

외시주의는 마음과 관련해서 발생한다. 속에 있는 마음과 겉으로 드러난 행동이 다르기 때문이다. 마음으로부터 시작해서 겉으로 드러나는 행동으로 이어져야 정상적이다.

예수님은 첫 번째 설교인 산상수훈의 첫 마디에서 마음을 강조하셨다.

**마태복음 5:3, 8** 심령이 가난한 자는 복이 있나니 천국이 그들의 것임이요…마음이 청결한 자는 복이 있나니 그들이 하나님을 볼 것임이요

심령이 가난하고 마음이 청결한 것은 회개한 사람의 마음 상태다. 회개한 마음에 천국이 임하고 하나님을 만나게 된다.

구약에서나 신약에서나 율법 또는 말씀을 지키거나 복음을 믿을

때 마음의 역할이 매우 중요하다. 구약에서 하나님은 쉐마 공식과 새 언약을 통해 마음을 강조하셨다. 신약에서 예수님은 산상수훈과 씨 뿌리는 비유에서 마음을 강조하신다.

이처럼 마음을 두드러지게 강조하는 시기는 구약이나 신약이나 말세 현상이 나타나는 때라는 공통점이 있다. 이것은 말세 현상이 나타나는 시절에는 마음 없이 신앙생활을 하는 현상이 나타난다는 것을 말해 준다.

### (2) 씨 뿌리는 비유

예수님은 씨 뿌리는 비유에서 마음으로부터 말씀을 지켜 열매 맺을 수 있는 길을 가르쳐 주신다.

**누가복음 8:15** 좋은 땅에 있다는 것은 착하고 좋은 마음으로(마음 안에) 말씀을 듣고 지키어 인내로 결실하는 자니라

말씀의 열매를 맺기 위해서는 우선 마음의 역할에 관심을 가져야 한다. 마음이 어떻게 작용하느냐에 따라 말씀의 열매를 맺느냐 못 맺느냐의 차이가 나타나기 때문이다.

예수님의 씨 뿌리는 비유는 다른 복음서에도 기록되었다.

**마가복음 4:20** 말씀을 듣고 받아…결실을 하는 자니라

**마태복음 13:23**  말씀을 듣고 깨닫는 자니 결실하여

누가복음의 '지키어'라는 단어는 마가복음의 '받아' 그리고 마태복음의 '깨닫는'이라는 단어와 같은 의미가 된다. 세 단어를 종합하면 '말씀을 지키어'는 '말씀을 마음에 받아들여서 깨달아'라는 뜻이 된다. 말씀의 열매를 맺으려면 우선 말씀을 마음에 받아들이고 깨달음이 있어야 한다.

말씀을 마음에 지키지 못하는 자는 말씀의 열매를 맺을 수 없다. 씨 뿌리는 비유 중에서 길가와 같은 마음에는 말씀의 열매가 맺힐 수 없다.

**누가복음 8:12**  길가에 있다는 것은 말씀을 들은 자니 이에 마귀가 가서 그들이 믿어 구원을 얻지 못하게 하려고 말씀을 그 마음에서 빼앗는 것이요

마음에서 복음에 관한 말씀을 빼앗기면 복음에 관한 믿음이 발생하지 않기 때문에 구원의 열매를 맺을 수 없다.

구원을 받으려면 복음의 말씀을 마음에 새겨야 한다. 성령께서 복음의 말씀에 역사하셔서 복음을 믿게 하시고 구원을 받게 하신다. 그 외의 다른 말씀들을 마음에 새기면, 성령께서 역사하셔서 그 말씀들의 열매도 맺게 해주신다.

**골로새서 1:5-6** 너희를 위하여 하늘에 쌓아 둔 소망으로 말미암음이니 곧 너희가 전에 복음 진리의 말씀을 들은 것이라 이 복음이 이미 너희에게 이르매 너희가 듣고 참으로 하나님의 은혜를 깨달은 날부터 너희 중에서와 같이 또한 온 천하에서도 열매를 맺어 자라는도다

골로새 교회 교인들은 바울로부터 복음 진리의 말씀을 듣고 깨달아서 구원의 열매를 맺었고, 그들의 신앙이 성숙해졌다.

(3) 제자들의 말씀 체험

예수님의 제자들도 동일한 원리에 따라 말씀을 깨달았다.

**누가복음 24:32, 44-45** 그들이 서로 말하되 길에서 우리에게 말씀하시고 우리에게 성경을 풀어 주실 때에 우리 속에서 마음이 뜨겁지 아니하더냐…내가 너희와 함께 있을 때에 너희에게 말한 바 곧 모세의 율법과 선지자의 글과 시편에 나를 가리켜 기록된 모든 것이 이루어져야 하리라 한 말이 이것이라 하시고 이에 그들의 마음을 열어 성경을 깨닫게 하시고

예수님이 십자가에 못 박혀 죽으신 후에 예수님의 제자들 중에 두 명이 엠마오로 가는 길에서 부활하신 예수님을 만났다. 그 두 명은 예수님의 70명의 제자들 중에 있었을 것이다. 부활하신 예수님인 줄 모르는 제자들에게 예수님은 자신에 관해 기록한 구약성경 말씀을 풀어서 설명해 주셨다. 그들의 마음이 열리고 성경말씀을 깨닫자

비로소 구약에 예언된 메시아로서 예수님이 부활하셨음을 알아보게 되었다.

이상과 같이 말씀을 깨닫는 원리는 이미 구약성경에서도 강조하고 있는 내용이다. 구약 에스겔 새 언약에서 마음과 성령을 강조했다. 즉 성령께서 우리 마음속에 역사하셔서 우리 마음을 부드럽게 해주시고, 율법을 깨닫게 하셔서 실천할 수 있게 해주신다는 것이다.

> **에스겔 36:26-27** 새 영을 너희 속에 두고 새 마음을 너희에게 주되 너희 육신에서 굳은 마음을 제거하고 부드러운 마음을 줄 것이며 내 영을 너희 속에 두어 너희로 내 율례를 행하게 하리니 너희가 내 규례를 지켜 행할지라

이러한 방법으로 말씀을 지켜 행하는 원리는 이미 이스라엘 백성들과 모압 언약을 맺었을 때 쉐마 공식(신 6:4-9)에서 가르쳐 주셨다.

> **신명기 6:6** 오늘 내가 네게 명하는 이 말씀을 너는 마음에 새기고

구약이나 신약이나 말씀을 지켜 행하는 원리는 동일하다.

말씀을 지켜 행하는 원리를 통해 신앙의 핵심인 복음을 붙잡을 수 있다. 그러면 복음을 믿어 구원을 받게 된다. 이 원리에서 벗어나면 신앙의 핵심을 놓치고 신앙이 형식화되는 길이 열린다. 결국 외

식주의에 빠지는 것이다.

### (4) 바울의 경우

바울도 복음의 말씀을 듣고 마음으로 믿을 때 구원을 받는다고 강조한다.

> **로마서 10:8-10, 17**  그러면 무엇을 말하느냐 말씀이 네게 가까워 네 입에 있으며 네 마음에 있다 하였으니 곧 우리가 전파하는 믿음의 말씀이라 네가 만일 네 입으로 예수를 주로 시인하며 또 하나님께서 그를 죽은 자 가운데서 살리신 것을 네 마음에 믿으면 구원을 받으리라 사람이 마음으로 믿어 의에 이르고 입으로 시인하여 구원에 이르느니라…그러므로 믿음은 들음에서 나며 들음은 그리스도의 말씀으로 말미암았느니라

바울이 그냥 믿으라고 하지 않고, 마음으로 믿으라고 강조한 것은, 구약에서 율법을 그냥 행하라고 하지 않고 지켜 행하라고 강조한 것과 동일한 이치다. 구약이나 신약이나 마음을 강조하고 있다.

지금까지 보아 온 것처럼 구약에서 하나님은 모세, 예레미야, 에스겔, 다윗, 솔로몬을 통해 마음의 중요함을 강조하셨다. 신약에서 예수님도 산상수훈과 씨 뿌리는 비유에서 마음을 강조하셨고, 바울도 마음을 강조했다. 구약에서 율법을 지켜 행할 때 율법 속에 상징으로 있는 복음이 믿어지고 구원을 받는다. 신약에서 말씀 속에 있는 복음을

마음속에 받아들일 때 예수님을 믿게 되고 구원을 받는다.

성경의 내용을 지식적으로 알고 있다고 하더라도 마음으로 깨닫지 못하면 이론적인 신앙이 된다. 이론적인 신앙은 구원과는 직접적으로 관련이 없다. 이론적인 신앙은 단지 구원을 받기 위한 전 단계로서 필요할 뿐이다.

그렇기 때문에 바울은 설교하거나 전도할 때 마음에 믿음이 생기게 하는 것에 초점을 맞춘다. 그래서 성령의 역사하심을 의지한다고 말한다. 그 이유는 듣는 자들에게 성령의 역사하심에 따라 믿음이 생기게 하기 위함이다.

**고린도전서 2:4-5** 내 말과 내 전도함이 설득력 있는 지혜의 말로 하지 아니하고 다만 성령의 나타나심과 능력으로 하여 너희 믿음이 사람의 지혜에 있지 아니하고 다만 하나님의 능력에 있게 하려 하였노라

인간의 설득력 있는 지혜의 말로 전하면, 듣는 자들이 믿음을 갖게 되는 것이 아니라 인간적인 신념을 갖게 된다. 인간의 설득력 있는 지혜의 말은 설교가 아니라 단순한 강연에 불과하다. 성령의 능력을 힘입을 때 믿음이 발생하고 구원이 이루어진다.

말씀을 지켜 행하는 원리를 올바로 적용하면, 구약에서나 신약에서나 동일하게 말씀을 통한 구원의 열매와 말씀을 통한 삶의 열매가 맺힌다.

# 제15장

# 믿음의 행위

믿음의 행위는 먼저 마음속에서 믿고 그 믿음이 겉으로 드러나는 행위다. 마음속에 믿음이 없으면서 겉으로 나타나는 행위는 율법의 행위다. 의롭다 함을 받으려면 믿음의 행위를 해야 한다.

믿음의 행위는 무엇인가? 믿음에 의한 행위다. 마음으로부터 나오는 행위다. 믿음의 행위는 율법의 행위와 대조된다. 율법의 행위를 하는 사람은 마음 없이 믿음 없이 율법을 행하지만, 믿음의 행위를 하는 사람은 믿는 마음으로 율법을 지켜 행한다.

야고보서는 믿음의 행위를 권장한다.

**야고보서 2:21, 23** 우리 조상 아브라함이 그 아들 이삭을 제단에 바칠 때에 행함으로 의롭다 하심을 받은 것이 아니냐…이에 성경

에 이른바 아브라함이 하나님을 믿으니 이것을 의로 여기셨다는 말
씀이 이루어졌고 그는 하나님의 벗이라 칭함을 받았나니

21절에서는 아브라함이 행함으로 의롭다 함을 받았다고 기록하고 있다. 23절에서는 아브라함이 믿음으로 의롭다 함을 받았다고 기록하고 있다. 두 구절은 서로 모순된 내용인 것처럼 보인다. 그러나 실제로는 서로 조화를 이룬다.

첫 번째, 믿음으로 의롭다 함을 받았다고 주장하는 23절은 창세기 15장에 나오는 내용을 근거로 말한 것이다.

> **창세기 15:2-6** 아브람이 이르되 주 여호와여 무엇을 내게 주시려 하나이까 나는 자식이 없사오니 나의 상속자는 이 다메섹 사람 엘리에셀이니이다 아브람이 또 이르되 주께서 내게 씨를 주지 아니하셨으니 내 집에서 길린 자가 내 상속자가 될 것이니이다 여호와의 말씀이 그에게 임하여 이르시되 그 사람이 네 상속자가 아니라 네 몸에서 날 자가 네 상속자가 되리라 하시고 그를 이끌고 밖으로 나가 이르시되 하늘을 우러러 뭇별을 셀 수 있나 보라 또 그에게 이르시되 네 자손이 이와 같으리라 아브람이 여호와를 믿으니 여호와께서 이를 그의 의로 여기시고

아브라함은 자식이 없기 때문에 종 엘리에셀을 상속자로 삼겠다고 하나님께 말씀드린다. 그러나 하나님은 아브라함의 몸에서 태어날 자가 상속자가 될 것이라고 말씀하신다. 아브라함은 하나님을 믿

었다. 그리고 하나님의 약속의 말씀을 믿었다. 하나님과 말씀을 믿은 아브라함을 하나님은 의롭다고 여겨 주셨다. 아브라함이 믿음을 통해서 의롭다 함을 받게 되었다.

그렇지만 믿음으로 의롭다 함을 받은 후에도 아브라함은 믿음이 부족해서 여러 번 시행착오를 겪었다. 이스마엘 사건도 있었고(창 16장), 아내 사라의 몸에서 이삭이 태어난다는 말도 믿지 못했다(창 17장).

그럼에도 불구하고 이미 창세기 15장에서 하나님은 아브라함의 믿음을 보시고 의롭다고 여겨 주셨다. 당시에 하나님께서는 아브라함의 성숙한 믿음을 보신 것이 아니라 아브라함에게 있는 믿음의 씨앗을 보신 것이다. 그 믿음의 씨앗이 창세기 22장에 이르러서는 성숙한 믿음으로 자라나게 되었다.

두 번째, 행함으로 의롭다 함을 받았다고 주장하는 21절은 창세기 22장에 나오는 내용을 근거로 말한 것이다.

> **창세기 22:16-18** 여호와께서 이르시기를 내가 나를 가리켜 맹세하노니 네가 이같이 행하여 네 아들 네 독자도 아끼지 아니하였은즉 내가 네게 큰 복을 주고 네 씨가 크게 번성하여 하늘의 별과 같고 바닷가의 모래와 같게 하리니 네 씨가 그 대적의 성문을 차지하리라 또 네 씨로 말미암아 천하 만민이 복을 받으리니 이는 네가 나의 말을 준행하였음이니라

아브라함이 모리아 산 제단에서 이삭을 바치는 행위를 통해 의롭다함을 받았다는 것이다. 그런데 야고보서에서 행함으로 의롭다 함을 받았다고 말하면서 곧바로 다음 구절을 덧붙인다.

**야고보서 2:22**   네가 보거니와 믿음이 그의 행함과 함께 일하고 행함으로 믿음이 온전하게 되었느니라

아브라함이 모리아 산에서 이삭을 바치는 행위가 믿음으로 말미암아 일어났다는 것이다. 그 믿음은 이삭이 죽더라도 하나님이 다시 살리실 것을 믿는 믿음이다. 단순히 이삭을 바치는 행위만을 한 것이 아니라 믿음으로 바치는 행위를 한 것이다.

이러한 사실을 히브리서에서 알려 준다.

**히브리서 11:17-19**   아브라함은 시험을 받을 때에 믿음으로 이삭을 드렸으니 그는 약속들을 받은 자로되 그 외아들을 드렸느니라 그에게 이미 말씀하시기를 네 자손이라 칭할 자는 이삭으로 말미암으리라 하셨으니 그가 하나님이 능히 이삭을 죽은 자 가운데서 다시 살리실 줄로 생각한지라 비유컨대 그를 죽은 자 가운데서 도로 받은 것이니라

이처럼 모리아 산에서 이삭을 바치는 아브라함의 행위는 믿음으로부터 나온 믿음의 행위였다. 아브라함이 시행착오를 겪더라도 하나님은 창세기 15장에서부터 창세기 22장까지 몇십 년에 걸쳐 끊임

없이 믿음 훈련을 시키셨다. 하나님은 아브라함에게 있는 믿음의 씨앗을 성장시켜서 성숙한 신앙으로 발현되도록 이끌어 주셨다.

결국 하나님은 아브라함이 억지로가 아니라 순종하는 마음에서 믿음으로 이삭을 바치러 모리아 산까지 가도록 인도하셨다. 모리아 산에서 이삭을 바치는 아브라함의 믿음은 '이삭을 죽은 자 가운데서 다시 살리실 줄로 생각한' 부활 신앙이었다.

하나님은 우상 숭배자였던 아브라함에게 부활 신앙을 갖게 하기 위하여 갈대아 우르에서 부르실 때부터 모리아 산까지 50년 이상을 인도하시고 훈련시키셨다.

하나님이 요구하시는 행위는 마음 없이 믿음 없이 행하는 율법의 행위가 아니라, 마음으로부터 믿음으로 행하는 믿음의 행위다. 하나님은 우리가 성급하게 형식적인 율법의 행위를 하는 것을 원하시는 것이 아니라, 아브라함에게서 보는 바와 같이 마음으로부터 나오는 믿음의 행위를 하기까지 인내하면서 훈련 받는 것을 원하신다.

하나님이 인도하시는 믿음의 훈련 과정을 거치면서 우리는 하나님을 더욱 더 알아 가게 되고 하나님과의 인격적인 관계도 더욱 깊어진다. 이러한 하나님과의 인격적인 관계가 신앙생활의 기초가 된다. 하나님은 우리의 신앙생활 여정에서 이러한 관계가 점점 더 깊어지기를 원하신다.

# 제16장

# 구원을 이루는 원리

하나님은 주권적으로 인간의 구원을 이루어 가신다. 그런데 구원을 하나님 홀로 이루어 가시는 것이 아니라 인간과 함께 이루어 가신다. 하나님은 인간에게 구원을 이루라고 명령하신다. 동시에 인간에게 그 명령을 이룰 수 있는 길을 열어 놓으신다. 하나님은 우리가 구원 받는 믿음을 지닐 수 있도록 마음속에서 도와주시고, 또한 구원의 삶을 살아갈 수 있도록 도와주신다.

바울은 하나님이 구원을 이루어 가시는 과정을 로마서에 기록했다.

**로마서 8:28** 또 미리 정하신 그들을 또한 부르시고 부르신 그들을 또한 의롭다 하시고 의롭다 하신 그들을 또한 영화롭게 하셨느니라 하나님은 우리를 ①정하시고, ②부르시고, ③의롭다 하시고, ④영화롭게 하신다.

바울은 하나님이 구원을 이루어 가시는 원리를 빌립보서에 구체적으로 기록했다.

> **빌립보서 2:12-13**  그러므로 나의 사랑하는 자들아 너희가 나 있을 때뿐 아니라 더욱 지금 나 없을 때에도 항상 복종하여 두렵고 떨림으로 너희 구원을 이루라 너희 안에서 행하시는 이는 하나님이시니 자기의 기쁘신 뜻을 위하여 너희에게 소원을 두고 행하게 하시나니

12절에서 하나님은 우리에게 자신의 구원을 이루라고 명령하신다. 동시에 13절에서 하나님은 우리에게 구원을 이루어가는 원리를 알려 주신다.

우리에게 구원을 이루라고 명령하시면서 동시에 우리가 구원을 이루어 가는 것을 하나님이 도와주시겠다고 말씀하신다. 빌립보서의 이 말씀은 얼핏 보면 서로 충돌을 일으키는 것처럼 보인다. 그러나 충돌하는 것이 아니라 서로 조화를 이룬다.

우리 인간 편에서 느낄 수 있는 구원은 크게 3단계로 구성되어 있다. 중생과 성화와 영화다.

중생(거듭남)은 영적 출생이다. 영적 생명이 주어지는 것이다. 중생은 예수님을 처음 믿을 때 한순간에 일어난다. 이후부터는 성화의 단계다.

성화는 영적으로 출생한 자가 예수님을 닮아 성숙해 가는 과정이다. 이 성화의 과정은 영화의 단계에서 끝이 난다.

영화는 중생한 자가 천국에 들어가는 단계다. 전체 구원의 여정이 완성된다.

중생한 후부터 영화의 단계에 들어갈 때까지의 모든 삶이 성화의 과정이다. 신앙인의 일생은 성화의 일생이다.

하나님이 명령하실 때는 반드시 우리가 명령을 수행할 수 있는 길을 마련해 놓으신다. 하나님이 도와주시고 인도하신다. 하나님이 우리의 구원에 어떤 방식으로 도와주시는가?

"너희 안에서 행하시는 이는 하나님이시니"(13절 상반절)라고 했다. 하나님이 우리 안에서 역사하신다. 구체적으로 성령 하나님께서 우리 마음속에서 도와주신다. 성령께서 우리 마음속에서 어떻게 도와주시는가?

"너희에게 소원을 두고 행하게 하시나니"(13절 하반절)라고 했다. 성령께서 우리 마음속에 소원을 넣어 주신다. 우리에게 행하고 싶은 의욕을 불러일으키신다. 행할 수 있는 믿음과 능력을 주신다. 이때 우리는 믿음으로 행하면 된다.

이러한 원리는 구약 성경에서 강조하는 원리와 일치한다.

**에스겔 36:27** 내 영을 너희 속에 두어 너희로 내 율례를 행하게 하리니 너희가 내 규례를 지켜 행할지라

하나님은 이스라엘 백성에게 율법을 지키라고 명령하셨다. 그런데 성령께서 이스라엘 백성의 마음속에서 율법을 지키도록 역사하신다. 그들은 성령의 역사하심에 순응하여 믿음으로 따라가면 율법을 지켜 행하게 된다.

율법 속에는 복음이 들어 있기 때문에 이렇게 율법을 올바로 지켜 행하면 결국 복음도 믿게 된다. 동일한 원리가 구약시대 할례에도 적용된다.

하나님은 이스라엘 백성에게 할례를 행하라고 명령하셨다. 그런데 하나님이 이스라엘 백성의 마음에 할례를 베풀어 주신다. 그리고 이스라엘 백성이 하나님을 사랑하도록 인도해 주신다. 결국 이스라엘 백성에게 생명을 얻게 해 주신다. 하나님의 인도하심으로 이스라엘 백성이 생명을 얻게 된다.

**신명기 30:6** 네 하나님 여호와께서 네 마음과 네 자손의 마음에

할례를 베푸사 너로 마음을 다하며 뜻을 다하여 네 하나님 여호와를 사랑하게 하사 너로 생명을 얻게 하실 것이며

구약에서 율법을 지켜 행하는 원리에는 두 가지 의미가 포함되어 있다.

첫째, 구원의 의미다. 즉 율법 속에 상징으로 있는 복음을 믿는 길로 안내해 준다. 율법을 지켜 행하는 원리를 통해 율법 속에 있는 복음을 믿게 되어 구원을 받는다.

둘째, 신앙생활의 의미다. 다양한 율법 규정들을 지켜 행하는 길로 안내해 준다. 즉 구원 받은 자가 율법 규정들을 삶에서 올바로 실천하게 해준다.

이처럼 구약에서나 신약에서나 하나님이 우리를 구원하시고 인도하시는 기본 원리는 동일하다.

# 제17장

# 행위 언약과 은혜 언약

> 성경에 나오는 모든 언약은 크게 두 종류로 나뉜다. 아담이 타락하기 전에 맺은 언약을 행위 언약이라고 칭하고, 타락 후에 맺은 언약을 은혜 언약이라고 칭한다. 타락 후의 모든 언약은 은혜 언약이다. 구약의 언약을 옛 언약이라고 칭하고, 신약의 언약을 새 언약이라고 칭한다.

언약은 크게 두 종류로 나뉜다. 행위 언약과 은혜 언약이다.

첫째, 행위 언약은 하나님이 창조 직후 에덴동산에서 타락하기 전의 아담과 맺은 언약이다.

**웨스트민스터 신앙고백서(1647년)**
7장 인간에 대한 하나님의 언약에 대하여
2항 인간과 맺은 첫 번째 언약은 행위 언약이었다. 그 안에서 생명이 아담 그리고 그 아담 안에서 그의 후손에게 약속되었다. 그 언약의 조건은 완전하고 개별적인 순종이었다.

아담은 하나님의 명령을 수행할 수 있는 능력을 지닌 상태로 창조되었다. 타락하기 전 아담에게는 하나님의 도움 없이도 스스로 언약을 지킬 수 있는 능력이 있었다. 그런데 아담은 선악과를 먹음으로 언약을 어기고 범죄하여 타락했다. 하나님과의 관계에 단절이 생겼고, 스스로 행할 수 있는 능력을 상실했다. 더 이상 행위 언약을 지킬 수 없게 되었다.

둘째, 은혜 언약은 아담이 타락한 후에 하나님이 사람들과 맺은 언약이다.

**웨스트민스터 신앙고백서(1647년)**
7장 인간에 대한 하나님의 언약에 대하여
3항 인간은 타락함으로 말미암아 행위 언약에 의해 자기 스스로 생명을 얻을 수가 없었기 때문에, 주께서 일반적으로 은혜 언약이라 불리는 두 번째 언약을 맺으시기를 기뻐하셨다.

타락 후의 모든 언약은 은혜 언약이다.

은혜 언약이라고 하는 이유는, 타락 후 모든 사람은 하나님의 은혜로 언약을 맺고 하나님의 도우심으로 언약을 지킬 수 있기 때문이다. 타락 이후에는 언약을 지키려면 누구나 예외 없이 하나님의 도우심을 받아야 언약을 지킬 수 있게 되었다.

타락 이후에 맺은 언약은 구약시대나 신약시대나 동일하게 은혜 언약이다. 구약의 언약을 옛 언약이라 칭하고, 신약의 언약 즉 십자가 언약을 새 언약이라 칭한다.

모든 은혜 언약의 최고 정점은 십자가 언약이다. 모든 은혜 언약은 십자가 언약을 향하여 가고, 십자가 언약에서 완성된다.

하나님이 아담을 창조하실 때와 타락 후 인간을 재창조(중생·거듭남)하실 때는 차이점이 있다.

첫 번째 창조에서 하나님이 아담을 창조할 때는 어른으로 창조하셨다. 아담은 육체적으로도 어른이고 영적으로도 성숙하기 때문에 그에게는 스스로 행할 능력이 있었다.

두 번째 창조에서 하나님이 재창조하실 때는 영적 어린아이로 출생시키신다. 육체적으로 태어난 사람을 영적으로 다시 태어나게 하신다. 그래서 중생 또는 거듭남이라고 칭한다. 중생한 사람은 육체적으로는 성숙했지만 영적으로는 갓난아이다.

갓난아이는 인간의 모든 요소를 지니고 태어났지만 아직 발현되지 않아 미성숙하다. 마찬가지로 영적 갓난아이도 모든 영적 요소를 지니고 있지만 아직 발현되지 않은 상태다. 앞으로 영적으로 자라 가면서 성숙한 모습으로 발현되어야 한다.

중생한 사람이 말씀과 성령의 도우심으로 영적으로 자라면서 발현되는 것이 신앙의 성장이며 성화의 과정이다. 갓난아이는 부모 없이 혼자 살아갈 수 없는 것처럼 영적 갓난아이로 중생한 사람은 하나님의 도움 없이는 살아갈 수 없다. 중생한 사람은 평생 하나님의 도우심을 받으면서 살아가야 한다. 천국에 갈 때까지 하나님의 도우심을 받아야 한다.

타락한 성향을 지닌 우리 인간은 하나님의 도우심을 받지 않으면, 즉 하나님의 은혜를 저버리면 하나님과의 관계가 멀어지고, 범죄하게 되고, 타락의 길로 가게 된다. 그래서 하나님은 인간의 연약함을 아시고 하나님이 도와주시겠다는 은혜 언약을 체결하셨다.

성경에는 구약이나 신약이나 하나님이 우리를 도와주신다는 말씀으로 가득하다. 이러한 말씀을 통해서 하나님은 연약한 인간을 향한 자신의 은혜로우심을 드러내신다.

> **신명기 30:6** 네 하나님 여호와께서 네 마음과 네 자손의 마음에 할례를 베푸사 너로 마음을 다하며 뜻을 다하여 네 하나님 여호와를 사랑하게 하사 너로 생명을 얻게 하실 것이며
>
> **에스겔 36:26-27** 또 새 영을 너희 속에 두고 새 마음을 너희에게 주되 너희 육신에서 굳은 마음을 제거하고 부드러운 마음을 줄

것이며 또 내 영을 너희 속에 두어 너희로 내 율례를 행하게 하리니 너희가 내 규례를 지켜 행할지라

**로마서 8:3-4**  율법이 육신으로 말미암아 연약하여 할 수 없는 그것을 하나님은 하시나니 육신을 따르지 않고 그 영을 따라 행하는 우리에게 율법의 요구가 이루어지게 하려 하심이니라

**빌립보서 2:12-13**  그러므로 나의 사랑하는 자들아 너희가 나 있을 때뿐 아니라 더욱 지금 나 없을 때에도 항상 복종하여 두렵고 떨림으로 너희 구원을 이루라 너희 안에서 행하시는 이는 하나님이시니 자기의 기쁘신 뜻을 위하여 너희에게 소원을 두고 행하게 하시나니

# 하나님의 절대주권과 인간의 자유의지

하나님께는 절대주권이 있고, 인간에게는 자유의지가 있다. 하나님은 절대주권적으로 우주와 인간의 역사를 주관하시지만 인간의 자유의지를 무시하지 않고 존중하신다. 하나님의 절대주권과 인간의 자유의지가 조화를 이루면서 구원과 역사가 진행된다.

## (1) 자유의지의 의미

칼빈은 《기독교강요》에서 하나님의 절대주권을 강하게 주장한다. 그렇지만 그와 더불어 인간의 자유의지도 있다는 것을 인정한다.

**기독교강요 제2권 5장 14절** 우리가 우리의 힘으로 도저히 해낼 수 없는 것들을 수행하고 있으며 하나님께서 우리를 돌처럼 움직여 그것을 하게 한다고 말한다면, 그것이야말로 도리에 맞지 않는 말일 것이다.… 하나님께서 우리가 돌을 던지는 것과 같이 인간을 움직인다고 주장하는 바보는 없을 것이기 때문이다. 그러한 것은 우리의 교리에서도 도저히 나올 수 없다. 우리는 시인하고 거부하는 행위, 의지하고 의지하지 않는 행위, 추구하고 저항하는 행위 등을 인간의 자연적 기능이라 부른다.《영·한 기독교강요》, 성문출판사, 1993)

칼빈에 의하면, 하나님은 인간을 아무 의지도 없는 돌멩이를 던지듯이 움직이지는 않으신다. 하나님이 인간을 돌멩이처럼 움직인다는 사고방식은 개혁주의 교리에는 도저히 있을 수 없다고 주장한다. 왜냐하면 인간이라면 누구라도 타고난 자연적 기능으로서의 자유의지를 지니고 있기 때문이다.

**기독교강요 제3권 23장 8절** 그들의 멸망은 하나님의 예정에 의존하되 그 원인과 기회는 그들 자신 안에 있다.… 사람은 하나님의 섭리가 정한 대로 넘어지지만, 자기의 허물 때문에 넘어지는 것이다.… 우리는 우리에게 더 가까운 인류의 부패한 본성에서 정죄에 대한 명백한 원인을 보아야 하며, 감추어져 전연 알 수 없는 원인을 하나님의 예정에서 찾으려고 해서는 안 된다.

칼빈은 인간이 멸망하는 것은 자신들의 죄 때문이라고 말하며, 인간의 멸망의 원인을 하나님의 예정에서 찾으면 안 된다고 주장한다.

만약 인간의 자유의지 자체가 제한 받는다면 인간은 그만큼 죄에 대한 책임을 면제 받게 된다. 인간이 죄에 대한 책임을 전적으로 지니고 있다는 것은 자유의지를 지니고 있다는 것을 의미한다. 즉 인간에게 죄에 대한 책임이 있다는 것은 논리적으로 자연스럽게 자유의지도 있다는 것을 나타낸다.

따라서 성경에서는 하나님의 절대주권을 강조하고 더불어 인격체로서 인간의 자유의지도 인정하고 있다. 그러나 인간이 자유의지를 지니고 있더라도 인간 자신이 타락했다는 것과 연약하다는 것을 인정해야 한다.

칼빈은 《기독교강요》에서 아우구스티누스의 글을 인용하면서, 의지를 발동하는 것은 모든 인간에게 타고난 것이지만 하나님의 뜻을 따르도록 옳게 의지하는 것은 하나님의 은혜로 되는 것이라고 말한다.

타락한 인간이 타고난 자기의 의지를 통해 나름대로 인륜적인 선을 행할 수는 있다. 그러나 하나님의 은혜 즉 성령님의 도우심이 있을 때에야 중생을 하게 되고 변화를 받아 하나님의 뜻에 맞는 선을 행할 수 있게 된다. 그런데 만약 인간에게 자유의지 자체가 없다면 인간은 하나님의 조종에 의해 움직이는 인격 없는 로봇에 불과할 것이다.

하나님의 절대주권은 인간의 타고난 자유의지 자체를 제거하지는 않는다. 그렇지만 하나님은 타락한 본성을 지닌 인간이 자유의지에 따라 악을 행하는 것에 대해서는 제지하신다.

《제2 스위스 신앙고백서》에서는 이에 대해 다음과 같이 기록하고 있다.

> **제2 스위스 신앙고백서(1566년)**
> **9장 자유의지와 그에 따른 사람의 힘과 가능성에 관하여**
> **2항** 우리는 종종 지극히 악한 행동과 사람의 계략이 하나님에게 방해를 받아 그들의 목적을 성취하지 못하는 것을 봅니다. 이는 악을 행하는 사람에게서 자유를 빼앗지는 않으나 그가 자유롭게 목적하는 바를 이루지 못하도록 하나님이 그분의 능력으로 막으시는 것입니다. (조엘 비키, 싱클레어 퍼거슨 편집, 신호섭 옮김, 《개혁주의 신앙 고백의 하모니》, 죠이북스, 2023)

《웨스트민스터 신앙고백서》에도 하나님의 절대주권과 더불어 인간의 자유의지를 동시에 인정하고 있다.

> **웨스트민스터 신앙고백서(1647년)**
> **3장 하나님의 영원한 작정에 대하여**
> **1항** 하나님께서는 영원 전부터 하나님 자신의 뜻의 가장 지혜롭고 거룩한 계획에 의해서 일어날 모든 것을 자유롭고 불변하게 작정하신다. 그렇지만 그 때문에 하나님께서 죄의 조성자가 아니시며 피조물의 의지가 침해당하는 것도 아니며, 제2원

인들의 자유나 우연성이 제거되는 것도 아니고 오히려 확립된
다.(R.C. 스프로울 지음, 이상웅·김찬영 공역, 《웨스트민스터 신앙고
백 해설》, 부흥과개혁사, 2017)

하나님의 자유로우신 작정이 인간의 의지 자체를 침해하지 않고,
하나님의 자유 때문에 인간의 자유가 제거되지는 않는다는 것이다.

《제2 스위스 신앙고백서》에서는 인간의 자유의지에 관해 종합해
서 세 종류의 상태, 즉 인간의 타락 전의 상태와 타락 후의 상태 그
리고 중생한 상태로 구분해서 설명한다.

**제2 스위스 신앙고백서(1566년)**
9장 자유 의지와 그에 따른 사람의 힘과 가능성에 관하여
1항 모든 시대에 교회 안에서 많은 갈등의 원인이 된 이 문제
에 관해 우리는 고찰해야 할 삼중의 조건 또는 상태가 있다고
가르칩니다. 첫째는 타락 이전의 사람으로서 계속하여 선을
행하거나 악으로 기울 수도 있던 지혜롭고 의롭고 자유로운
사람입니다.
2항 둘째로, 우리는 타락 이후의 사람이 어떠했는지를 살펴
보아야 합니다. 실제로 그는 이해력을 빼앗기지 않았고 의지
도 빼앗기지 않았으며, 돌이나 막대기로 변하지 않았습니다.
그럼에도 이것들은 사람 안에서 심히 변하여 타락 이전에 할
수 있던 것들을 이제는 할 수 없게 되었습니다. 그의 이해력
이 어두워졌고 이전에 자유로웠던 그의 의지는 마지못해서가

아니라 기꺼이 죄를 섬깁니다. 그것이 무의지가 아니라 의지로 불리는 이유입니다. 그러므로 악이나 죄에 관한 한, 사람은 하나님이나 마귀의 강요에 의해서가 아니라 자기 자신의 뜻으로 악을 행합니다. 이 점에 있어서 사람은 가장 자유로운 의지를 지니고 있는 것입니다.

**4항** 그러므로 아직 중생하지 못한 사람은 선을 향한 의지의 자유가 없으며, 선한 일을 수행할 능력도 없습니다.

**5항** 나아가 타락 이후에도 사람 안에 어느 정도 초기의 이해력이 남아 있습니다. 하나님이 사람의 타락 이전의 그것과는 많은 부분에서 다를지라도 사람에게 지식을 남겨 주시는 자비를 베풀어 주셨기 때문입니다. 하나님은 우리의 지식을 연마할 것을 명령하셨고, 그와 함께 그 지식을 증가시킬 수 있는 은사들도 주셨습니다. 모든 학문에서 하나님의 축복 없이는 큰 유익을 얻을 수 없다는 것은 명백합니다. 성경은 의심의 여지없이 모든 학문이 하나님의 것이라고 말합니다.

**6항** 마지막으로 우리는 중생 받은 자가 자유로운 의지를 지녔는지, 어느 정도까지 그런 의지를 소유하고 있는지를 살펴보아야 합니다. 중생에 있어서 이해력은 하나님의 신비와 뜻을 이해할 수 있도록 성령의 조명을 받습니다. 또한 의지 자체가 성령으로 말미암아 변화를 받을 뿐 아니라 그 영을 따라 선을 행할 수 있게 하는 능력을 부여합니다(롬8:4). 우리가 이것을 인정하지 않는다면 우리는 그리스도인의 자유를 부인하게 될 것이며, 율법에 종노릇하게 될 것입니다.

위의 내용을 종합하면 다음과 같다.

첫째, 인간이 타락하기 전에는 인간에게 스스로 선이나 악을 행할 자유의지가 있었다.

둘째, 타락 후에는 영적으로는 선을 향한 자유의지는 없고 악을 행할 자유의지만 지니게 되었다. 물론 인륜적 수준의 선을 행할 수는 있다.

셋째, 중생한 후에는 성령의 역사에 의해 타락한 의지가 변화를 받고 선을 행할 능력도 부여 받는다. 그렇지만 계속해서 성령의 도우심을 받아야 한다. 이것이 중생한 자의 자유의지다.

이처럼 타락하기 전이나 타락한 후에나 또는 중생한 후에 인간에게 자유의지 자체가 있다는 것을 인정한다. 따라서 인간은 언제나 자유의지를 지니고 있다. 다만 그 자유의지를 발휘하는 방식이 세 종류의 상태에 따라 각각 다르게 나타날 뿐이다.

따라서 신자나 불신자 모두에게 공통으로 일상생활에서 역할을 하는 타고난 자유의지가 있다는 것을 부인할 수는 없다.

### 제2 스위스 신앙고백서(1566년)
9장 자유의지와 그에 따른 사람의 힘과 가능성에 관하여
10항 외적인 일들에 관해서 중생 받은 사람이나 중생 받지 못한 사람이나 모두 그들이 의지의 자유를 가지고 있다는 점을 부인할 사람은 없습니다.

이것은 칼빈이 말한 '인간의 자연적 기능'으로서의 자유의지를 말한다고 하겠다.

### (2) 절대주권과 자유의지의 조화

본 장에서는 하나님의 절대주권과 중생한 자의 자유의지가 어떻게 조화를 이루는지에 관해서 살펴본다.

《제2 스위스 신앙고백서》에서 중생한 사람은 성령 하나님의 감동을 받기 때문에 수동적으로가 아니라 적극적으로 의지를 발동해서 선을 행한다고 주장한다.

> **제2 스위스 신앙고백서(1566년)**
> 9장 자유의지와 그에 따른 사람의 힘과 가능성에 관하여
> 7항 중생 받은 사람이 그 선택과 선을 행함에서 비단 수동적으로 하지 않고 적극적으로 한다는 사실입니다. 그들은 하나님의 감동을 통해 일하기 때문입니다. 아우구스티누스는 이것을 다음과 같이 주장했습니다. "하나님은 우리의 도움이시다. 그러나 사람이 무언가를 하지 않는다면 그 도움을 받을 수 없다."

그러면 하나님의 절대주권과 중생한 자의 자유의지가 구체적으로 어떻게 관계를 맺는 것일까? 여기에 관해서 구체적으로 완벽하게 설명하는 것은 불가능하다. 다만 어느 정도 이해할 수 있도록 추측해 볼 뿐이다.

하나님 편 50% + 중생한 자 편 50% = 100%라는 신인 협력도 아니고
100% + 100% = 200%라는 각각 홀로 서기도 아니고
100% + 0% = 100%라는 하나님 전체주의도 아니고
0% + 100% = 100%라는 인간 위주 범신론도 아니다.

하나님 편에서 100%, 중생한 자 편에서 100%, 합쳐서 100%의 조화가 형성된다고 하겠다.

물론 능력이라는 측면에서는 전능하신 창조자 하나님과 한계 있는 피조자 인간은 일대일 맞대응 상대가 될 수는 없다.

중생한 자 편에서 100%라는 것은 우리가 100% 완벽하게 자유의지를 발휘한다는 의미에서가 아니다. 우리의 자유의지가 하나님께 100% 맞추어 간다는 의미에서도 아니다. 우리 인간 편에서 자유의지의 역할에 대해 로봇이 아닌 인격체로서 자신에게 100% 책임이 있다는 의미에서다. 우리의 연약함에도 불구하고 전능하신 하나님이 조화를 이루도록 인도하신다. 그렇기 때문에 100%의 조화로운 결과가 도출된다.

이러한 상황은 결국 하나님의 뜻은 홀로 이루어지는 것이 아니라 우리 연약한 인간과의 관계를 통해서 이루어진다는 것을 시사한다. 그러면 하나님의 절대주권과 우리의 자유의지가 만나는 장소는 어디일까?

기본적으로 사람의 마음이다.

하나님의 절대주권은 강제로 행사되지 않고 우리의 마음속에서 우리가 자발적으로 움직이도록 역사한다. 즉 하나님은 우리의 마음속에서 의지를 발동해서 자원하는 마음으로 따르도록 인도하신다.

하나님은 우리를 대하실 때 자유의지를 지닌 존재로 인정하고 인격(人格)적인 교제를 나누신다. 하나님과 우리 인간 사이의 교제는 신격(神格)적인 교제가 아니다. 우리를 흠이 없는 신적인 차원으로 끌어올려서 교제하시는 것이 아니다. 물격(物格)적인 교제도 아니다. 하나님이 돌멩이나 나무를 다루듯이 우리를 다루시는 것이 아니다.

전능하신 하나님이 우리를 인격적으로 대하신다는 것은 우리 인간의 차원을 이해하면서 교제하신다는 뜻이다. 우리가 인격체로서 자유의지를 지녔지만 연약한 존재임을 인정하신다. 하나님은 우리 연약한 인간과 인격적인 교제를 나누시기 위해 기꺼이 성육신의 하나님 그리고 임마누엘의 하나님으로 다가오신다.

우리가 연약하기 때문에 하나님은 우리를 위해 예수님을 이 땅에 보내셔서 율법을 성취하셨다. 하나님은 우리의 죄의 문제를 해결하기 위해 예수님이 십자가에 못 박혀 죽게 할 정도로 우리를 귀하게 여기신다. 이미 설명한 바 있는 다음 구절들은 구약과 신약에서 하나님의 절대주권과 우리의 자유의지가 어떻게 관계를 맺으며 조화를 이루는지를 알려주는 대표적인 구절이라고 하겠다.

**(구약) 에스겔 36:26-27** 또 새 영을 너희 속에 두고 새 마음을 너희에게 주되 너희 육신에서 굳은 마음을 제거하고 부드러운 마음을 줄 것이며 또 내 영을 너희 속에 두어 너희로 내 율례를 행하게 하리니 너희가 내 규례를 지켜 행할지라

**(신약) 빌립보서 2:12-13** 그러므로 나의 사랑하는 자들아 너희가 나 있을 때뿐 아니라 더욱 지금 나 없을 때에도 항상 복종하여 두렵고 떨림으로 너희 구원을 이루라 너희 안에서 행하시는 이는 하나님이시니 자기의 기쁘신 뜻을 위하여 너희에게 소원을 두고 행하게 하시나니

성령 하나님께서 우리의 마음속에서 의지를 발동하도록 자극해서 우리가 하나님의 뜻에 따라 자발적으로 행동하도록 역사하신다. 이것이 성경이 우리에게 알려 주는 설명이다.

《제2 스위스 신앙고백서》에서도 자유의지에 관한 주제에서 위의 구절들을 대표적인 참고 성구로 인용하고 있다.

### 제2 스위스 신앙고백서(1566년)

9장 자유 의지와 그에 따른 사람의 힘과 가능성에 관하여
6항 게다가 선지자는 하나님의 말씀을 이렇게 말합니다. "내가 나의 법을 그들의 속에 두며 그들의 마음에 기록하여 나는 그들의 하나님이 되고 그들은 내 백성이 될 것이라 여호와의 말씀이니라"(렘 31:33; 겔 36:27).

또한 이렇게 말했습니다. "너희 안에서 행하시는 이는 하나님
이시니 자기의 기쁘신 뜻을 위하여 너희에게 소원을 두고 행
하게 하시나니"(빌 2:13).

칼빈은 《제2 스위스 신앙고백서》가 나오기 전에 《기독교강요》에
서 말씀과 성령을 강조하면서 동일한 원리를 다음과 같이 주장한다.

### 기독교강요 제2권 5장 5절
에스겔 선지자는 "내가 그들에게…새 영을 주며…내 율례를 따
르며 내 규례를 지켜 행하게 하리니…"(겔 11:19-20).… 하나님
께서는 그의 택한 자녀들 안에서 두 가지 방법으로 역사하시
는데, 하나는 성령을 통하여 내적으로 역사하시고, 다른 하나
는 말씀을 통하여 외적으로 역사하신다는 것이다. 주님께서
는 그들의 마음을 밝혀 주고, 그들의 마음이 의를 사랑하고
배양하게 해주는 성령에 의하여 그들을 새로운 피조물로 만
든다. 그리고 그의 말씀을 통해서 주님께서 그들로 하여금 그
동일한 거듭남을 바라고 추구하며 달성하게 해주신다.

칼빈은 에스겔 새 언약의 성경구절을 인용하여 하나님은 성령과
말씀을 통해 우리에게 역사하신다고 말한다. 하나님은 성령을 통해
우리의 마음을 변화시켜 새로운 피조물로 만들어 주시고, 또한 말
씀을 통해 우리의 삶이 변화되도록 역사하신다는 것이다.

이처럼 성경에서도 교리서에서도 하나님의 절대주권과 우리의 자

유의지는 우리의 마음속에서 만난다는 것을 알려 주고 있다. 그렇기 때문에 신앙에 있어서 마음의 역할이 매우 중요하다.

믿음이 발생했다는 것은 하나님의 절대주권과 우리의 자유의지가 마음속에서 함께 작동했다는 증거다. 더 구체적으로 말하면 성령께서 우리 마음속에 믿음을 일으키셨고 우리는 그 믿음을 받아들인 것이다. 이렇게 발생한 믿음은 하나님의 것이면서 동시에 그 믿음을 받아들인 사람의 것으로 인정된다.

**에베소서 2:8-9** 너희는 그 은혜에 의하여 믿음으로 말미암아 구원을 받았으니 이것은 너희에게서 난 것이 아니요 하나님의 선물이라 행위에서 난 것이 아니니 이는 누구든지 자랑하지 못하게 함이라

이처럼 성령께서 역사하시는 은혜에 의하여 발생한 믿음을 마음에 지니고 있는 사람이 하나님으로부터 구원을 받은 사람이다.

### (3) 예정론과 운명론

칼빈은 하나님의 보호하심과 버리심이 있다는 것을 주장한다. 동시에 하나님의 버리심은 인간 자신들의 죄 때문에 발생한다는 것도 인정한다.

**기독교강요 제3권 21장 6절**
하나님은 아브라함의 후손 중에서 어떤 사람은 버리시고, 어

편 사람은 교회 안에 보호하셔서 그의 자녀들 사이에 두셨다. 이스마엘은 영적 언약의 표징인 할례를 받았기 때문에 처음에는 그 동생 이삭과 동등한 지위를 누렸지만 나중에 그는 제외되었다. 그 후에 에서가 제외되었고, 그 후에 무수한 사람들, 거의 온 이스라엘이 제외되었다….
이스마엘과 에서의 무리가 양자의 지위에서 제외된 것은 그들 자신의 결함과 죄 때문이었다는 것을 나는 인정한다. 그들은 하나님의 언약을 충실히 지켜야 한다는 조건이 있음에도 불구하고 그 언약을 위반하고 충실하지 못했다.

칼빈은 바울의 남은 자 사상을 설명하면서 하나님이 이삭과 야곱은 보호하시고, 이스마엘과 에서는 버리셨다고 말한다. 그 주장과 함께 칼빈은 이스마엘과 에서가 버림을 받은 것은 자신들의 결함과 죄 때문이라는 것을 인정한다. 그들은 스스로 하나님의 언약을 위반한 것이다.

그러나 칼빈은 하나님의 버리심과 인간의 죄가 어떤 방식으로 결합되어 있는지에 관해서는 설명하지 않는다. 그 결합 방식에 관해서 자세한 설명 없이 남겨 놓는다. 그 결합 방식은 인간의 이해력으로는 설명하기 어려운 내용이다. 인간의 이해력으로 보기에는 모순되는 상황이기 때문이다. 그렇지만 칼빈은 하나님의 절대주권을 강조하는 자신의 예정론이 적어도 운명론은 아니라는 것만은 분명하게 보여 준다. 칼빈은 인간의 자유의지를 인정하기 때문이다.

운명론은 인간의 앞날이 불변하게 정해져 있기 때문에 인간으로서는 어쩔 수 없다는 입장이다. 사전적으로 정의하면 운명론은 '모든 일은 미리 정하여진 필연적인 법칙에 따라 일어나므로 인간의 의지로는 바꿀 수 없다'는 이론이다. 그러나 예정론은 하나님의 절대주권과 더불어 인간의 자유의지도 인정하고 있다. 칼빈이 말한 것처럼 하나님은 인간을 '돌을 던지는 것과 같이' 움직이지는 않으시기 때문이다. 만약에 돌을 던지는 것과 같이 인간을 움직인다면 그것은 예정론이 아니라 운명론이 되는 것이다.

그렇기 때문에 칼빈의 이론을 따르는 전도자들은 예정론적으로 '구원 받기로 예정된 자들은 교회에 오라'고 전도하지 않고, '누구든지 예수 믿고 구원을 받으라'고 전도한다. 배후에서 역사하시는 하나님의 절대주권 즉 예정을 인정하면서도 인간의 자유의지를 발동시키는 전도를 한다. 전도할 때 하나님의 절대주권과 인간의 자유의지가 조화를 이루게 된다.

### 기독교강요 제3권 23장 13절
우리는 전도를 계속하여 사람들을 믿음으로 인도하며, 그들을 믿음 안에서 보존하여 끊임없는 유익을 얻게 해야 한다. 그러나 예정에 대한 인식을 막지 말라. 그래야만 복종하는 자들도 자기의 힘으로 되는 일같이 자랑하지 않고 주를 자랑하게 될 것이다.

칼빈은 교회가 전도를 계속해야 하고 전도 받은 사람들을 끊임없이 양육해야 한다고 말한다. 그렇지만 전도자들이 하나님의 예정에 대한 인식을 지니고 있어야 한다는 것이다. 그렇게 할 때 하나님이 배후에서 역사하셨음을 인정하면서 자기를 자랑하지 않고 하나님을 자랑하게 되기 때문이다.

### (4) 예정의 적용

칼빈은 하나님의 절대주권을 강조하는 예정론을 강하게 주장하지만, 이스라엘 백성에게 예정론을 적용할 때는 매우 신중한 자세를 취한다.

칼빈은 로마서에 나오는 '남은 자'에 관한 해석에서 시내 산에서 하나님과 언약을 맺은 시점을 기준으로 이스라엘 백성 전체가 구원에 이르게 하는 예정 가운에 있다고 말하지 않는다. 언약을 맺은 이스라엘 백성들의 삶을 마지막까지 살펴본 후에 믿음으로 남은 자에게 구원에 이르게 하는 예정을 적용한다.

> **기독교강요 제3권 21장 7절** 이스라엘 백성의 대부분이 언약을 어겼을 때에, 하나님께서는 언약이 완전히 없어지지 않도록, 그것을 소수에 국한시키셨다….
> 하나님께서 원하시는 사람들을 자기를 위하여 예정하신 그 변할 수 없는 계획은 본질적으로 이 영적 후손들에게만 구원에 이르게 하는 효과가 있었다.

칼빈은 예정을 현실에 적용할 때는 언약을 끝까지 지켜서 남은 자가 하나님의 예정 가운데 있는 자들이라고 말한다. 결국 언약을 끝까지 지킨 자는 구원에 이르게 하는 예정에 포함되어 있는 사람이고, 언약을 끝까지 지키지 못한 사람은 구원에 이르게 하는 예정에 포함되지 않은 사람이라는 뜻이다. 따라서 우리는 우리 자신의 구원에 대해서는 스스로 확신을 지닐 수 있지만, 다른 사람들의 궁극적인 구원에 대해서는 판단하는 것을 삼가야 할 것이다.

《제2 스위스 신앙고백서》에서는 다음과 같이 구분하면서 설명한다.

### 제2 스위스 신앙고백서(1566년)
10장 하나님의 예정과 성도의 선택에 관하여
8항 사람들은 반드시 선포된 복음을 들어야 하고 그것을 믿어야만 합니다. 만일 당신이 복음을 믿고 그리스도 안에 있는 자라면, 당신은 선택받은 자임을 의심하지 않고 분명하게 확신할 수 있습니다.
9항 우리가 참된 믿음으로 말미암아 그리스도와 더불어 교제를 나누며, 그리스도가 우리의 것이고 우리가 그분의 것임을 확신한다면, 우리가 생명책에 기록되어 있다는 가장 명백하고 확실한 증언을 갖게 될 것입니다.

믿음을 지니고 있는 우리가 말씀과 성령의 역사를 통해 그리스도 안에 있으면 자기 자신이 선택받은 자로서 구원 받았음을 확신할 수 있다.

다른 한편으로는 다른 사람들의 예정에 관해서 섣불리 예단하는 것은 삼가야 하고, 모든 사람에 대해 구원의 소망을 가지고 복음을 전해야 한다.

### 제2 스위스 신앙고백서(1566년)
10장 하나님의 예정과 성도의 선택에 관하여
4항 비록 하나님이 누가 자신에게 속한지 알고 계시며 그때나 지금이나 택함 받은 무리가 소수라고 언급되었다 할지라도, 우리는 모든 사람에게 소망을 가져야 하며 함부로 어떤 사람을 버림받은 자라고 판단해서는 안 됩니다.

하나님이 행하시는 예정과 선택에 관해 함부로 판단하는 것 대신에 좁은 문으로 들어가면서 두렵고 떨림으로 자신들의 구원을 이루는 것에 힘쓰라고 권면한다.

### 제2 스위스 신앙고백서(1566년)
10장 하나님의 예정과 성도의 선택에 관하여
5항 그리고 그리스도께서는 구원 받을 자가 적을 것인지에 관해 질문 받으셨을 때, 구원 받을 자나 저주 받은 자의 많고 적음에 관해 답하지 않으시고 오직 각 사람에게 "좁은 문으로 들어가기를 힘쓰라"고 권면하셨습니다(눅 13:24). 이는 마치 주님이 "너희는 이 문제를 함부로 판단하려 하지 말고 좁은 문을 통해 천국에 들어가는 것에 힘쓰라"고 말씀하신 것과 같습니다.

**9항** 결론적으로 우리는 하나님의 모든 교회와 더불어 "하늘에 계신 우리 아버지"를 부르며 기도합니다(마 6:9). 또한 세례를 통해 그리스도의 몸에 접붙임을 받으며, 종종 그분의 교회 안에서 그분의 살과 피를 먹음으로 영생에 이르게 됩니다. 그러므로 우리는 힘을 얻어 바울이 빌립보서 2장 12절에서 "두렵고 떨림으로 너희 구원을 이루라"고 하신 계율의 명령을 지켜야 합니다.

### (5) 예정의 오용

예정론은 우리의 신앙생활에 많은 유익을 준다.

첫째, 예정론은 믿음에 서 있는 자들에게는 하나님의 구원의 은혜에 대한 감사와 찬양을 하게 해준다. 하나님 편에서 구원해 주셨음을 인정하기 때문이다. 따라서 신앙생활에 안정감을 준다.

둘째, 예정론은 신앙생활을 하다가 시험과 고난 중에 있는 자들에게는 위로와 소망을 주는 역할을 한다. 결국 하나님이 도와주실 것을 믿기 때문이다. 따라서 신앙생활을 하다가 좌절하지 않도록 붙들어 준다.

셋째, 예정론은 전도하는 자들에게 자기가 일을 했다고 생각하면서 자기를 자랑하는 것이 아니라 하나님이 하셨음을 인정하고 하나님을 자랑하게 해준다. 하나님이 배후에서 역사해 주셔서 자신들이 전도의 열매를 거둘 수 있었다는 것을 인정하기 때문이다. 따라서 하나님 앞에 겸손하게 해준다.

《제2 스위스 신앙고백서》는 예정의 오용 즉 예정론을 잘못 이해해서 잘못 활용하는 것에 대해서 경계한다.

### 제2 스위스 신앙고백서(1566년)

10장 하나님의 예정과 성도의 선택에 관하여

6항 그러므로 우리는 "택함 받은 자가 소수에 불과하고 내가 이 소수에 들어 있는지 아닌지 확신할 수 없으니 나는 본성의 욕망을 억제하지 않겠다"고 말하는 악인의 말을 용납하지 않습니다. 또 어떤 이들은 "만일 내가 하나님의 예정과 택하심을 받았다면, 그 무엇도 이미 확실하게 보장받은 구원에서 나를 방해하지 못하므로 나는 이제 어느 때라도 내가 원하는 모든 것을 마음대로 할 수 있다"고 말합니다. 또한 "만일 내가 버림받은 자의 무리에 속했다면, 하나님의 작정은 변할 수 없기에 믿음이나 회개가 나에게 도움이 되지 않을 것"이며, 따라서 모든 가르침이나 훈계도 쓸데없을 것이라고 말하는 자도 있을 것입니다.

위의 내용을 정리하면 다음과 같다.

첫째, 택함 받은 자가 소수에 불과하고 나 자신은 그 소수에 들어 있는지를 확신할 수 없기 때문에 자신의 욕망대로 살겠다는 것이다.

둘째, 내가 하나님의 예정과 택하심을 받았다면 이미 구원을 보장받았으니 내가 원하는 대로 살아도 상관이 없다는 것이다.

셋째, 만약 내가 예정된 자가 아니라면 내가 아무리 신앙생활을 열심히 해도 소용이 없고 성경의 교훈도 나에게는 쓸모없다는 것이다.

이상과 같은 이유 때문에 예정을 오용하는 사람들이 발생한다고 말한다.

이처럼 예정에 대한 오용이 일어나는 이유는 무엇인가? 예정론을 운명론으로 받아들이기 때문이다. 예정론은 운명론과는 다르다. 운명론은 인간의 자유의지를 인정하지 않지만, 예정론은 인간의 자유의지를 인정한다.

어떤 사람이 예정론을 잘못 이해하고 오용해서 운명론으로 받아들이면서 신앙생활을 하고 있다면, 그는 언약을 오해한 이스라엘 백성처럼 구원의 곁길로 걸어가고 있음을 알아야 한다. 이는 올바르지 않은 신앙의 자세를 취하고 있는 것이다.

이스라엘 백성은 겉으로 언약을 체결한 것만으로 자신들은 하나님의 선민 즉 선택된 민족으로 결정된 것이라고 자부심을 가졌다. 그들은 언약 체결 행위를 운명론적으로 받아들였다. 그렇기 때문에 그들은 마음으로 언약을 지켜 행하는 것에는 관심이 없었다. 그래서 믿음이 생기지 않았고 결국 구원에 이르지 못하는 결과를 초래했다. 그들은 언약을 체결했지만 언약에서 탈락하고 말았다.

외적인 행위만을 의지해서 선민, 즉 선택된 민족이라는 자부심을 가진 것이 오히려 자신들의 신앙에 피해를 가져왔다. 이처럼 언약을 체결했지만 구원에 이르지 못한 이스라엘 백성에 대해서 칼빈은 다음과 같이 말했다.

### 기독교강요 제3권 21장 6절
이스마엘과 에서의 무리가 양자의 지위에서 제외된 것은 그들 자신의 결함과 죄 때문이었다는 것을 나는 인정한다. 그들은 하나님의 언약을 충실히 지켜야 한다는 조건이 있음에도 불구하고 그 언약을 위반하고 충실하지 못했다. 그러나 하나님께서 그들을 다른 민족보다 사랑하신 것은 하나님의 특별한 은혜였다.

### 기독교강요 제3권 21장 7절
하나님께서 언약을 맺는 사람들에게 끝까지 참고 견디어 언약을 지킬 수 있게 하는 중생의 영(the spirit of regeneration)을 즉시 주시는 것은 아니다. 이 내면적 은혜만이 그들을 보존할 수 있는데, 그것이 없는 외면적인 변화는 인류가 버림을 당하는 것과 극소수의 경건한 자들이 선택되는 것 사이의 중간 상태이다.

이스마엘이나 에서와 같은 사람들은 비록 언약에서는 탈락했지만 다른 이방 민족보다는 하나님의 특별한 은혜를 받은 자들이었다. 그리고 그들은 신자와 불신자 사이의 중간 상태에 있었던 자들이다. 즉 내면적인 은혜는 누리지 못하고, 외면적인 변화만을 누린 자들이다. 겉으로는 공동체 안에서 함께 생활했지만, 마음속에는 믿음이 없었기 때문에 구원을 받지는 못했다. 내면적인 은혜를 받아 중생할 때에야 비로소 구원을 받게 된다.

《제2 스위스 신앙고백서》에서는 예정론을 운명론처럼 받아들여 예정론을 오용하는 사람들을 반대하면서 바울 사도를 통해 주신 말씀을 인용한다.

### 제2 스위스 신앙고백서(1566년)
10장 하나님의 예정과 성도의 선택에 관하여
6항 하지만 이런 사람들을 반대하며 사도는 다음과 같이 말하고 있습니다. "주의 종은 마땅히 다투지 아니하고 모든 사람에 대하여 온유하며 가르치기를 잘하며 참으며 거역하는 자를 온유함으로 훈계할지니 혹 하나님이 그들에게 회개함을 주사 진리를 알게 하실까 하며 그들로 깨어 마귀의 올무에서 벗어나 하나님께 사로잡힌 바 되어 그 뜻을 따르게 하실까 함이라"(딤후 2:24-26).

예정론을 운명론인 것으로 오용하면서 하나님의 뜻이 아니라 자기 생각대로 자기 방식대로 살아가는 사람들과 다투지 말고 온유함으로 훈계하며 가르치라고 권면한다. 왜냐하면 하나님이 그들에게 진리를 깨닫게 하시고 하나님의 사람으로 변화시킬 수도 있기 때문이다.

# 원칙과 현실

성경에는 하나님이 계획하신 원칙이 있고, 그 원칙이 인간에게 적용되는 현실이 있다. 하나님의 원칙은 기본적으로 불변하지만, 그 원칙이 인간의 현실에 적용될 때는 다양한 현상이 나타난다.

## (1) 원칙과 현실의 주요 영역

원칙과 현실이란 하나님의 계획이 인간의 현실에 적용될 때 나타나는 시스템이다. 성경에는 원칙과 현실로 구분되는 영역들이 다양하게 나타난다.

첫째, 예정의 영역이다. 하나님이 예정을 인간에게 적용할 때 원칙과 현실이라는 시스템이 나타난다.

바울은 같은 시기에 기록한 옥중서신(에베소서, 빌립보서, 골로새서, 빌레몬서)에서 한편으로는 하나님 편에서 예정에 의해 구원을 받는다라고 말하면서도, 다른 한편으로는 인간 편에서 현실적으로 자신의 구원을 이루라고 권면한다.

> **(예정의 원칙) 에베소서 1:4-5** 곧 창세전에 그리스도 안에서 우리를 택하사 우리로 사랑 안에서 그 앞에 거룩하고 흠이 없게 하시려고 그 기쁘신 뜻대로 우리를 예정하사 예수 그리스도로 말미암아 자기의 아들들이 되게 하셨으니

> **(예정의 현실) 빌립보서 2:12-13** 그러므로 나의 사랑하는 자들아 너희가 나 있을 때뿐 아니라 더욱 지금 나 없을 때에도 항상 복종하여 두렵고 떨림으로 너희 구원을 이루라 너희 안에서 행하시는 이는 하나님이시니 자기의 기쁘신 뜻을 위하여 너희에게 소원을 두고 행하게 하시나니

하나님이 바울을 통해 예정의 원칙과 예정의 현실을 구분해서 말씀하신 것이다.

예정은 하나님 편에서의 영원한 작정이다. 영원하신 하나님의 변함없는 계획이다. 구원은 무한 차원에서 계획한 하나님 편에서의 예정을 우리 인간 편에서 3차원이라는 시간 공간의 제한된 세계에서 이루어 가는 과정이다.

'창세 전에 우리를 예정하셨다'는 것은 예정의 원칙을 말씀하신 것이다. '너희 구원을 이루라'는 것은 예정의 현실을 말씀하신 것이다. 즉 예정의 원칙을 실제적으로 우리의 구원에 적용함을 의미한다.

하나님은 우리에게 예정을 적용하실 때 기계적으로 행사하시는 것이 아니라 우리의 자유의지를 고려하면서 적용하신다. 하나님은 우리를 로봇으로 다루시는 것이 아니라 인격적인 존재로 대우하신다. 성령께서 연약한 우리의 마음속에 자원하는 믿음이 생기도록 도와주신다.

《제2 스위스 신앙고백서》에서 중생한 자의 자유의지의 연약함에 대해 다음과 같이 말한다.

**제2 스위스 신앙고백서(1566년)**
9장 자유의지와 그에 따른 사람의 힘과 가능성에 관하여
8항 중생 받은 자들에게도 연약함이 남아 있다는 사실입니다. 죄가 우리 안에 남아 있기 때문에 중생 받은 사람 안에 있는 육체가 성령과 싸우는데, 심지어 죽기까지 그렇게 합니다. 그는 본래 목적한 바대로 기꺼이 그 일을 수행하지 못합니다. 이런 일들은 사도에 의해 확증된 바입니다(롬 7:13-26; 갈 5:17).
9항 그러므로 모든 자유의지는 우리가 살아 있는 한 우리 안에 남아 있는 옛 아담의 흔적과 우리에게 들러붙은 인간적인 부패로 인해 연약합니다. 그러나 육체의 강함과 옛 아담의

흔적이 성령의 역사하심을 꺼 버릴 만큼 강하지는 않기 때문에 신자들은 자유롭다고 할 수 있지만 그들의 연약을 인정하면서 그들의 자유의지에 티끌만큼도 영광을 돌려서는 안 됩니다.

하나님의 무한 차원의 영원한 세계는 인간의 시공 세계 즉 과거, 현재, 미래라는 시간과 3차원이라는 공간을 포괄하고 있다.

하나님의 절대주권은 우리의 자유의지를 품고 있으며, 하나님 편에서의 예정에는 우리 편에서의 구원 이룸이 포함되어 있다.

두 가지 말씀 즉 '창세전에 우리를 예정하셨다'는 예정의 원칙과 '너희 구원을 이루라'는 예정의 현실은 서로 충돌되는 것이 아니라 조화를 이룬다. 하나님의 절대주권과 우리의 자유의지가 조화를 이루듯이 하나님 편에서의 예정하심과 우리 편에서의 구원 이룸이 조화를 이루게 된다. 하나님은 배후에서 하나님의 예정하심을 이루시고, 우리는 현실에서 하나님의 말씀에 따라 성령님의 도우심으로 우리의 구원을 이루어간다.

우리 인간 편에서는 전적으로 하나님의 영역인 예정에 집중하기보다는 칼빈의 말처럼 배후에 '예정에 대한 인식'을 하면서 우리의 현실적인 구원에 힘써야 한다.

칼빈이 언약을 체결한 이스라엘 백성의 삶을 끝까지 지켜본 후에 예정을 적용한 것, 즉 남은 자에게 예정을 적용한 것은 예정의 원칙과 예정의 현실을 함께 반영한 판단이라고 해야 할 것이다.

둘째, 전도의 영역이다. 전도할 때 원칙과 현실이라는 시스템이 작동한다.

예정을 강조하는 바울은 자신이 직접 전도할 때에 예정의 원칙과 현실을 인정한다.

> **사도행전 13:45-48** 유대인들이 그 무리를 보고 시기가 가득하여 바울이 말한 것을 반박하고 비방하거늘 바울과 바나바가 담대히 말하여 이르되 하나님의 말씀을 마땅히 먼저 너희에게 전할 것이로되 너희가 그것을 버리고 영생을 얻기에 합당하지 않은 자로 자처하기로 우리가 이방인에게로 향하노라 주께서 이같이 우리에게 명하시되 내가 너를 이방의 빛으로 삼아 너로 땅 끝까지 구원하게 하리라 하셨느니라 하니 이방인들이 듣고 기뻐하여 하나님의 말씀을 찬송하며 영생을 주시기로 작정된 자는 다 믿더라

바울이 회당에서 복음을 전할 때 유대인들은 반박하고 비방했다. 그러나 이방인들은 바울이 전한 복음을 믿었다. 바울은 영생을 주시기로 작정된 자는 다 믿었다고 기록했다. 즉 예정에 포함되어 있는 자들은 구원 받았다는 뜻이다. 이것은 예정의 원칙을 말한 것이다.

**사도행전 16:29-31** 간수가 등불을 달라고 하며 뛰어 들어가 무서워 떨며 바울과 실라 앞에 엎드리고 그들을 데리고 나가 이르되 선생들이여 내가 어떻게 하여야 구원을 받으리이까 하거늘 이르되 주 예수를 믿으라 그리하면 너와 네 집이 구원을 받으리라 하고 주의 말씀을 그 사람과 그 집에 있는 모든 사람에게 전하더라

바울이 빌립보 감옥에서 간수에게 복음을 전하는 내용이다. 하나님의 예정에 확고한 바울은 간수에게 복음을 전하면서 예수님을 믿으라고 요청한다. 비록 간수의 구원이 하나님의 예정 가운데 있다 하더라도 간수의 자유의지를 발동시키는 요청을 하는 것이다. 이것이 예정의 현실이다. 이는 하나님의 예정이 인간의 실질적인 구원을 이루기 위해 현실 세계에 적용되는 과정에서 나타나는 현상이다.

전도를 받는 자 편에서 복음을 받아들이는 과정에서도 원칙과 현실의 시스템이 작용한다.

**기독교강요 제2권 5장 14절**
우리가 우리의 힘으로 도저히 해낼 수 없는 것들을 수행하고 있으며 하나님께서 우리를 돌처럼 움직여 그것을 하게 한다고 말한다면, 그것이야말로 도리에 맞지 않는 말일 것이다.… 하나님께서 우리가 돌을 던지는 것과 같이 인간을 움직인다고 주장하는 바보는 없을 것이기 때문이다. 그러한 것은 우리의 교리에서도 도저히 나올 수 없다. 우리는 시인하고 거부하는 행위, 의지하고 의지하지 않는 행위, 추구하고 저항하는 행위 등을 인간의 자연적 기능이라 부른다.

하나님 편에서는 복음을 받아들이는 자를 구원해 주시지만, 복음을 듣고 있는 사람 편에서는 거부하기도 하고, 믿을까 말까 갈등하기도 하고, 또한 솔깃해서 믿으려고 의지하기도 하는 과정을 겪는다. 그 사람의 자유의지에 따라 일어나는 현상이다.

칼빈은 이것을 인간의 자연적 기능이라고 일컫는다. 그는 인간의 자연적 기능으로서의 자유의지는 믿는 자든 믿지 않는 자든 누구나 공통으로 지니고 있다고 말한다.

셋째, 율법의 영역이다. 율법을 지킬 때에도 원칙과 현실이라는 시스템이 작용한다.

### 제2 스위스 신앙고백서(1566년)

12장 하나님의 율법에 관하여

3항 그러므로 그리스도께서는 율법의 완성자시요, 우리를 위한 율법의 성취자이십니다. 그리스도께서 우리를 위한 저주가 되셨을 때 그분이 율법의 저주를 제거하신 것처럼(갈 3:13), 믿음으로 말미암아 그 성취를 우리에게 전달해 주시고, 그리스도의 의와 순종을 우리에게 전가하십니다.

율법의 완성자이시며 성취자이신 그리스도께서 우리에게 그의 완전한 의와 순종을 전가시켜 주셨다. 이것이 율법 지킴의 원칙이다. 그런데 그리스도로부터 완전한 의와 순종을 전가 받았으면 우리 인간이 율법을 완전하게 지켜야 할 것 같은데 우리의 현실은 그렇지 못하다. 율법을 지키는 데 있어서 불완전하다.

**제2 스위스 신앙고백서(1566년)**
12장 하나님의 율법에 관하여
3항 죽는 순간까지 우리에게 붙어 있는 육체(즉, 거듭난 사람을 포함한 모든 사람이다)의 연약함으로 말미암아 이전부터 지금까지 그 어떤 육체도 하나님의 율법을 만족시킬 수도, 지킬 수도 없었습니다.

《제2 스위스 신앙고백서》에서는 불신자는 물론 예수님의 의와 순종을 전가 받은 거듭난 신자라 할지라도 평생토록 율법을 온전하게는 지키지 못하는 삶을 살고 있다고 말한다. 인간의 연약함 때문에 평생 동안 성령의 인도를 받으며 율법을 지키도록 힘써야 한다. 이것이 율법 지킴의 현실이다.

(2) 원칙과 현실의 적용 사례

원칙과 현실이라는 시스템은 하나님이 자신의 뜻을 이 땅에 펼치실 때 사람을 통해서 이루어 가시는 방식으로서 성경의 곳곳에 다양한 모습으로 나타난다.

첫째, 야곱의 삶에서 나타났다.

**창세기 25:21-23** 이삭이 그의 아내가 임신하지 못하므로 그를 위하여 여호와께 간구하매 여호와께서 그의 간구를 들으셨으므로 그의 아내 리브가가 임신하였더니 그 아들들이 그의 태 속에서 서로 싸우는지라 그가 이르되 이럴 경우에는 내가 어찌할꼬 하고 가서 여호와께 묻자온대 여호와께서 그에게 이르시되 두 국민이 네 태중에 있구나 두 민족이 네 복중에서부터 나누이리라 이 족속이 저 족속보다 강하겠고 큰 자가 어린 자를 섬기리라 하셨더라

**로마서 9:11-13** 그 자식들이 아직 나지도 아니하고 무슨 선이나 악을 행하지 아니한 때에 택하심을 따라 되는 하나님의 뜻이 행위로 말미암지 않고 오직 부르시는 이로 말미암아 서게 하려 하사 리브가에게 이르시되 큰 자가 어린 자를 섬기리라 하셨나니 기록된바 내가 야곱은 사랑하고 에서는 미워하였다 하심과 같으니라

야곱과 에서가 어머니 리브가의 태중에 있을 때 맏아들 에서가 동생 야곱을 섬기게 될 것이라는 예언의 말씀이 주어진다. 이것이 예언의 원칙이다. 그러나 그 예언이 현실에 이루어질 때는 순조롭게 이루어지지는 않았다. 부모의 편애, 에서가 장자권을 팥죽과 바꾼 것, 야곱이 축복을 받기 위해 아버지를 속인 것 등이 작용하여 인간 편에서 힘든 여정 가운데 이루어지게 되었다. 하나님 편에서의 예언은 결국에는 이루어졌지만, 인간 편에서 야곱은 그 예언이 이루어지기까지 오랜 세월에 걸쳐서 험악한 세월을 보내야 했다.

**창세기 47:9** 야곱이 바로에게 아뢰되 내 나그네 길의 세월이 백삼십 년이니이다 내 나이가 얼마 못 되니 우리 조상의 나그네 길의

연조에 미치지 못하나 험악한 세월을 보내었나이다

하나님의 예언이 현실에서 인간에게 이루어지는 과정에서는 인간의 수많은 시행착오들이 발생한다. 인간의 시행착오가 발생하는 가운데서 하나님의 예언이 이루어진다.

둘째, 이스라엘 백성이 가나안 땅을 정복할 때에도 적용되었다.

**신명기 7:1-2**  네 하나님 여호와께서 너를 인도하사 네가 가서 차지할 땅으로 들이시고 네 앞에서 여러 민족 헷 족속과 기르가스 족속과 아모리 족속과 가나안 족속과 브리스 족속과 히위 족속과 여부스 족속 곧 너보다 많고 힘이 센 일곱 족속을 쫓아내실 때에 네 하나님 여호와께서 그들을 네게 넘겨 네게 치게 하시리니 그 때에 너는 그들을 진멸할 것이라

**신명기 9:3**  오늘 너는 알라 네 하나님 여호와께서 맹렬한 불과 같이 네 앞에 나아가신즉 여호와께서 그들을 멸하사 네 앞에 엎드러지게 하시리니 여호와께서 네게 말씀하신 것같이 너는 그들을 쫓아내며 속히 멸할 것이라

이스라엘 백성이 출애굽 후 가나안 땅을 정복할 때 하나님이 가나안 땅의 족속들을 쫓아내실 계획이라고 원칙을 말씀하신다. 그런데 가나안 땅을 정복하는 계획의 현실적인 방법은 하나님이 직접 그들을 쫓아내시는 것이 아니라 이스라엘 백성에게 맡겨서 이스라엘

백성이 정복하게 하시는 것이다. 하나님은 가나안 땅을 정복하려는 하나님의 계획을 현실적으로는 이스라엘 백성을 통해 이루시겠다는 것이다. 하나님은 배후에서 역사하신다.

하나님은 약속대로 가나안 땅을 정복하고 이스라엘 백성을 가나안 땅에 정착하도록 인도하셨다. 하나님 편에서는 가나안 땅을 정복하게 하심으로써 결국 하나님의 계획을 이루셨다. 그러나 이스라엘 백성 편에서는 불순종한 출애굽 1세대는 가나안 땅에 들어가지 못하고, 2세대가 들어가게 되었다. 또한 가나안 땅을 전체적으로 정복하기는 했지만 지역적으로 완벽하게 정복하지는 못했다. 인간 편에서 시행착오가 발생했다.

연약한 인간의 자유의지를 고려하시는 하나님이기에 이러한 결과가 나오는 것도 허용하신다. 그때 당시에 하나님이 로봇 군대를 만들어서 동원했다면 완벽하게 정복했을 것이다. 그러나 하나님은 그러한 방법을 사용하지 않고 자유의지를 지닌 연약한 사람을 사용하셨다. 왜 하나님은 이처럼 시행착오가 발생하는 방식임에도 불구하고 굳이 사람들을 통해서 하나님의 일을 진행시켜 나가시는 것일까?

하나님은 사역보다는 관계를 우선적으로 중요하게 여기시기 때문이다.

이미 시내 산 언약을 체결할 때 하나님은 이스라엘 백성과의 관계를 언약 체결의 핵심으로 정해 놓으셨다. 하나님 편에서는 가나안 땅 정복도 중요하지만 더 우선적으로 여기시는 것은 이스라엘 백성과의 관계다. 하나님은 가나안 땅 정복이라는 과정을 통해 이스라엘 백성이 하나님을 더욱 알아가게 되고 관계를 더욱 깊게 하기를 원하셨다. 이러한 관계를 통해서 하나님에 대한 믿음과 사랑이 더욱 깊어지게 된다.

이스라엘 백성과의 관계를 생각하지 않고 단순히 정복만을 생각하셨다면 다른 수단과 방법을 동원해서 완벽하게 가나안 땅을 정복한 후에 이스라엘 백성에게 넘겨주셨을 것이다.

셋째, 바벨론 포로 해방에서도 작동했다.

> **에스겔 36:36-37** 너희 사방에 남은 이방 사람이 나 여호와가 무너진 곳을 건축하며 황폐한 자리에 심은 줄을 알리라 나 여호와가 말하였으니 이루리라 주 여호와께서 이같이 말씀하셨느니라 그래도 이스라엘 족속이 이같이 자기들에게 이루어 주기를 내게 구하여야 할지라

이스라엘 백성이 바벨론 포로로 붙잡혀 갔을 때 하나님이 이스라엘을 회복시켜 주겠다고 계획을 세우고 약속하셨다. 예레미야 선지자를 통해서는 70년 만에 해방시켜 주겠다고 구체적으로 약속하셨다.

그러나 하나님은 그냥 계획대로 이루어 주시는 것이 아니라, 이스

라엘 백성이 하나님께 이루어 주시기를 구하기를 요구하신다. 하나님은 자신의 계획을 현실적으로는 이스라엘 백성의 기도를 통해서 이루겠다고 말씀하셨다. 그래서 이스라엘 백성 편에서는 하나님께 기도해야 하는 것이다. 바벨론 포로 해방이라는 하나님의 계획 속에는 이미 이스라엘 백성의 기도가 포함되어 있었다.

넷째, 출애굽 사건에서도 원칙과 현실의 시스템이 작동했다.

**창세기 15:13-14** 여호와께서 아브람에게 이르시되 너는 반드시 알라 네 자손이 이방에서 객이 되어 그들을 섬기겠고 그들은 사백 년 동안 네 자손을 괴롭히리니 그들이 섬기는 나라를 내가 징벌할지며 그 후에 네 자손이 큰 재물을 이끌고 나오리라

**출애굽기 2:23-25** 여러 해 후에 애굽 왕은 죽었고 이스라엘 자손은 고된 노동으로 말미암아 탄식하며 부르짖으니 그 고된 노동으로 말미암아 부르짖는 소리가 하나님께 상달된지라 하나님이 그들의 고통 소리를 들으시고 하나님이 아브라함과 이삭과 야곱에게 세운 그의 언약을 기억하사 하나님이 이스라엘 자손을 돌보셨고 하나님이 그들을 기억하셨더라

하나님은 이스라엘 백성의 출애굽을 이미 아브라함 때부터 약속하시고 예고하셨다. 그러나 하나님은 그 약속을 기계적으로 이루어주신 것이 아니다. 애굽에서 이스라엘 백성이 현실적으로 중노동 때문에 하나님께 탄식하며 부르짖을 때 하나님은 출애굽을 하게 해주셨다.

다섯째, 열심을 내는 것에도 원칙과 현실이라는 시스템이 적용된다.

성경에는 하나님 편에서의 열심도 있고, 인간 편에서의 열심도 있다.

**이사야 37:31-32** 유다 족속 중에 피하여 남은 자는 다시 아래로 뿌리를 박고 위로 열매를 맺으리니 이는 남은 자가 예루살렘에서 나오며 피하는 자가 시온 산에서 나올 것임이라 만군의 여호와의 열심이 이를 이루시리이다

하나님은 약속하신 것을 하나님 자신 편에서 열심을 내어 이루겠다고 말씀하셨다.

**열왕기하 10:15-17** 예후가 거기에서 떠나가다가 자기를 맞이하러 오는 레갑의 아들 여호나답을 만난지라 그의 안부를 묻고 그에게 이르되 내 마음이 네 마음을 향하여 진실함과 같이 네 마음도 진실하냐 하니 여호나답이 대답하되 그러하니이다 이르되 그러면 나와 손을 잡자 손을 잡으니 예후가 끌어 병거에 올리며 이르되 나와 함께 가서 여호와를 위한 나의 열심을 보라 하고 이에 자기 병거에 태우고 사마리아에 이르러 거기에 남아 있는 바 아합에게 속한 자들을 죽여 진멸하였으니 여호와께서 엘리야에게 이르신 말씀과 같이 되었더라

예후는 엘리사 선지자로부터 아합 왕 가문의 심판 사명을 받은

후 인간 편에서 사명에 따른 여호와를 위한 열심을 내어 사명을 감당했다. 그러나 안타깝게도 예후가 왕이 된 후에는 여호와를 위한 자신의 열심을 잃어버리고 여로보암의 길을 따라 금송아지 우상 숭배를 하게 되었다.

여호와를 위한다고 사역을 시작했지만 예후라는 인간 자신의 열심만으로는 한계가 있음을 보여 준다.

바울도 예수님을 만나기 전에 '하나님께 대하여 열심이 있는 자'였었다. 그러나 하나님의 열심과는 관계없이 자기 자신이 스스로 열심을 낸 것이었다. 이는 하나님의 뜻과 관계없는, 단순히 인간적인 열심이었다.

**사도행전 22:3** 나는 유대인으로 길리기아 다소에서 났고 이 성에서 자라 가말리엘의 문하에서 우리 조상들의 율법의 엄한 교훈을 받았고 오늘 너희 모든 사람처럼 하나님께 대하여 열심이 있는 자라

그러나 바울은 예수님을 만난 후에는 '하나님의 열심'에 맞추어 열심을 내는 사람이 되었다.

**고린도후서 11:2** 내가 하나님의 열심으로 너희를 위하여 열심을 내노니 내가 너희를 정결한 처녀로 한 남편인 그리스도께 드리려고 중매함이로다

하나님의 열심에 맞추어 따라간 바울은 순교하기까지 열심을 내어 사명을 감당할 수 있었다.

이상의 사례들에서 보는 바와 같이 하나님 편에서는 하나님이 계획하신 것을 이루어 가신다. 인간 편에서는 시행착오를 겪으면서 하나님의 계획에 맞추어 나아간다.

하나님은 절대주권자이시지만 인간의 자유의지를 고려하면서 연약한 인간을 통해 하나님의 계획을 이루어 가신다. 이러한 과정에서 전능하신 하나님은 결국 합력해서 선이 되도록 연약한 우리와 함께 하시고 인도해 주신다.

### (3) 관점의 차이

신앙의 다양한 영역에서 원칙과 현실의 관점에 따라 차이가 드러난다. 예를 들면 예정의 영역이 원칙과 현실이라는 각각의 관점에 따라 다르게 보일 수 있다.

하나님 편에서 볼 때는 하나님이 구원하기로 예정하셨기 때문에 우리를 끝까지 붙들어 주신다고 말씀하실 수 있다. 이것이 예정의 원칙의 관점이다.

우리 인간 편에서 볼 때는 우리가 하나님을 믿고 구원을 이루어 가고 있기 때문에 하나님이 붙들어 주신다고 말할 수 있다. 이것이 예정의 현실의 관점이다.

한편으로는 하나님이 예정하셨기 때문에 우리가 하나님을 믿고 있다고 말할 수 있고, 다른 한편으로는 우리가 하나님을 믿고 있기 때문에 하나님의 예정 가운데 있다고 말할 수도 있다. 예정의 원칙과 현실이 관점에 따라 다르게 보이면서 서로 조화를 이룬다. 원칙과 현실이 합력해서 선을 이룬다.

보다 더 정확하게는 인간의 연약함 때문에 발생하는 수많은 시행착오에도 불구하고 하나님이 모든 것을 합력해서 선한 일이 되도록 역사하신다.

**로마서 8:28** 우리가 알거니와 하나님을 사랑하는 자 곧 그의 뜻대로 부르심을 입은 자들에게는 모든 것이 합력하여 선을 이루느니라

모든 것이 합력해서 결국 선한 일이 되는 자들은 인간의 관점에서 볼 때는 하나님을 사랑하는 자들이고, 하나님의 관점에서 볼 때는 하나님의 뜻대로 부르심을 입은 자들이다.

# 마무리하는 말

바울의 남은 자 사상과 이에 대한 칼빈의 해석을 성경 속에서 추적하는 과정에서 다음과 같은 내용들이 밝혀진다.

### (1) 율법의 역할

모세 언약(시내 산 언약과 모압 언약)을 체결할 때 율법을 주셨다. 언약의 핵심은 '나는 너희의 하나님, 너희는 나의 백성'이라는 관계 형성이다. 언약의 부칙은 십계명이다. 십계명을 지킬 때 언약이 효과적으로 지속된다.

계명들에는 단계가 있다. 최저 단계는 십계명이고, 최고 단계는 '마음과 뜻과 힘을 다하여 주 너의 하나님을 사랑하라'이다. 언약 백성은 최저 단계에서 최고 단계로 올라가야 한다.

### (2) 구약의 복음

율법 속에는 복음이 들어 있다. 유월절 어린양, 제사 제도 등이 율법 속에 상징으로 들어 있는 구약의 복음이다. 이것이 율법의 복음 기능이다. 구약시대에도 복음을 믿어야 구원을 받는다. 언약을 맺었더라도 복음을 믿지 않으면 구원에서 제외된다.

### (3) 율법을 지키라

구약에서 '율법을 지키라'는 명령에는 가장 기본적으로 '율법 속에 상징으로 있는 복음을 믿으라'는 의미가 포함되어 있다. 다른 율법 규정들을 아무리 잘 지킨다고 할지라도 복음을 믿지 않는 자는 구원의 믿음이 없는 자다.

구원의 믿음이 없는 자들이 하나님을 불신하면서 원망 불평하고 우상 숭배까지 하게 된다. 그들은 십계명을 어기면서도 회개하지 않는다. 십계명을 지키지 않아서 언약 백성에서 제외된다는 것은 결국 하나님을 믿지 않아서 구원에서 제외된다는 의미와 연결된다.

### (4) 율법 지키는 원리

모압 언약에서 율법 지키는 원리를 알려 주셨다. 그것이 '쉐마 공식'(신 6:4-9)이다. 쉐마 공식이 복음을 믿을 수 있는 길로 안내해 준다. 율법 지키는 원리는 율법을 마음에 새길 때 성령께서 역사하셔서 믿음을 주신다는 것이다. 이 원리를 따라갈 때 마음에 믿음이 발생해서 복음을 믿고 구원을 받게 되며 다른 율법 규정들도 지킬 수 있게 된다.

율법 지키는 원리는 신명기, 예레미야 새 언약, 에스겔 새 언약, 예수님의 씨 뿌리는 비유, 바울 서신 등 구약과 신약에 모두 일관되게 적용된다.

### (5) 신약의 복음

구약에서 신약으로 전환할 무렵의 유대인들은 하나님이 아브라함에게 주셨던 사명 즉 이방 민족을 향한 선교 사명을 완전히 잃었다. 그들은 율법 속에 상징으로 있는 복음을 믿지 못했다. 그래서 하나님은 유대인들을 뒤로 하고 우선 이방인들에게 복음을 전하기로 정하셨다.

이방인들에게 복음을 전하기 위해 율법 속에 상징으로 있던 복음을 누구나 알 수 있게 전면에 등장시키신다. 복음의 실체이신 예수님이 성육신하셨다. 십자가에 죽으시고 부활하심으로 유대인이든 이방인이든 누구에게라도 예수님을 믿을 수 있는 길이 열리게 되었다.

(6) 복음을 믿으라

신약시대에 이방인들은 온 천하에 드러난 예수님의 십자가 복음을 믿으면 구원을 받는다. 구약성경에서 율법 속에 상징으로 있는 복음을 찾아서 믿을 필요가 없게 되었다.

따라서 구약의 율법은 신약에 이르러서는 제한 축소되었다. 율법에서 복음 기능이 성취되었기 때문이다. 신약시대 사람들은 우선 복음 자체이신 예수님을 믿고 구원 받은 후 신앙생활을 위해 율법을 지킨다.

(7) 믿음으로 남은 자

율법 속에 있는 복음을 믿은 자들이 구약시대에 남은 자 역할을 했다. 신약시대에는 복음 자체이신 예수님의 십자가 복음을 믿은 유대인들이 로마서에 기록된 남은 자들이다. 남은 자들은 구약시대이든 신약시대이든 모두 복음을 믿음으로 남게 된 자들이다. 하나님은 믿음으로 남은 자들을 통해 하나님의 역사를 이루어 가신다.

(8) 이스라엘아 들으라

① 신앙의 핵심

성경은 구약에서나 신약에서나 신앙의 핵심이 무엇인지를 가르쳐 주고 있다. 동시에 신앙의 핵심을 붙잡는 원리도 가르쳐 준다. 그러므로 이 원리에 따라 신앙의 핵심을 붙잡을 때 구원의 길이 열린다.

신앙의 핵심은 무엇인가? 복음이다. 더 구체적으로 복음을 믿어 구원을 받는 것이다. 이것은 구약과 신약 모두에 공통으로 해당한다.

신앙의 핵심으로 안내하는 원리가 쉐마 공식과 새 언약이다. 다시 말하면, 지켜 행하는 원리다. 이 원리는 구약과 신약 모두에 적용된다.

구약에서나 신약에서나 유대인이든 이방인이든 복음을 믿기 위해서는 지켜 행하는 원리가 적용된다. 지켜 행하는 원리는 구원 받음에 있어서 마음과 성령의 역할이 기초적으로 중요하다는 것을 가르쳐 준다. 왜냐하면 마음속에서 성령께서 역사하심으로 구원 받는 믿음이 발생하기 때문이다.

따라서 구원 받은 사람에게는, 자신이 지켜 행하는 원리를 미리 알고 의식했든지 아니면 알지 못해서 의식하지 못했든지 상관없이 지켜 행하는 원리가 적용된 것이다.

이러한 관점에 따라 구약과 신약을 살펴보면 왜 언약 백성인 이스라엘 중에 구원에서 탈락한 자들이 생겨났는지가 드러난다.

이스라엘 백성, 특히 예수님 당시 유대인들을 보면, 겉으로 드러난 언약 체결을 하나님의 구원과 연결시켰다. 언약의 행위만으로 즉 할례나 제사 등 율법이 규정한 제도에 참여하는 행위만으로 구원받은 자라고 여겼다. 그들 스스로는 아무 문제 없이 언약을 지키고 있다고 생각했다. 그러나 그것은 그들의 심각한 착각이었다.

그들은 겉으로 언약의 행위에는 참여했지만 마음으로 언약을 지키는 것에는 등한히 했다. 그 결과 구약의 복음을 마음으로 믿지 못하고, 성육신하신 예수님도 믿지 못했다. 그들 중에 믿음으로 남은 자를 제외하고 대부분은 언약을 올바로 지키지 못했다. 결국에는 언약에서 탈락하고 구원을 받지 못했다.

구약에서나 신약에서나 마음속에 복음에 대한 믿음이 있느냐 없느냐가 구원 받음의 기본이면서 최종적인 기준이 된다.

마음속에 믿음이 있는 사람은 언약을 올바로 지킨 사람이며 구원 받은 사람이다. 반면에 마음속에 믿음이 없는 사람은 겉으로는 언약의 행위에 참여했더라도 언약을 올바로 지키지 못한 사람이며 구원 받지 못한 사람이다.

② 구원을 향하여 깨어 있는 신앙

하나님과의 관계에서는 신앙의 핵심인 복음을 믿는 믿음이 우선적으로 중요하다. 하나님은 우리의 믿음을 보시고 우리를 붙들어 주시고 함께하신다.

우리 인간 편에서는 열심을 내어 아무리 화려하게 하나님의 일을 한다 하더라도, 하나님 편에서는 겉으로 드러난 화려함을 보시는 것이 아니라 우리가 마음에 지니고 있는 신앙의 핵심인 복음을 믿는 믿음을 보시고 받아 주신다.

언약에서 탈락한 이스라엘 백성은 율법을 열심히 지키려고 나름대로 애를 썼지만 신앙의 핵심인 복음을 놓쳤기 때문에 언약 백성에서 탈락했다.

우리는 각자가 복음이신 그리스도 안에 있는지를 끊임없이 확인하면서 신앙생활을 해야 한다. 그리고 복음을 붙잡고 있는지 즉 예수님을 의지하는 믿음이 있는지를 항상 확인해야 한다. 또한 자신이 현재 예수님과의 인격적인 관계가 실제로 이루어지고 있는지를 항상 점검해야 한다.

이러한 사항을 점검하는 것이 하나님의 예정을 우리 구원의 현실에 적용하는 핵심 과정이다. '너희 구원을 이루라'는 명령에 대해 우리 인간 편에서 취해야 하는 핵심 요소다. 이것이 구원을 향하여 깨어 있는 신앙이다.

《제2 스위스 신앙고백서》에서 우리의 신앙을 점검하기를 독려하고 있다.

**제2 스위스 신앙고백서(1566년)**
10장 하나님의 예정과 성도의 선택에 관하여
2항 그러므로 하나님은 우리의 어떤 공로나 수단, 방편 때문이 아니라 그리스도 안에서, 그리스도로 인하여 우리를 택하셨습니다. 그리고 이제 믿음을 통해 그리스도께 접붙여지는 그들은 또한 선택받은 사람들입니다. 그러나 그리스도를 소유하지 못한 자들은 버림받는데, 이는 사도가 다음과 같이 말한 대로입니다. "너희는 믿음 안에 있는가 너희 자신을 시험하고 너희 자신을 확증하라 예수 그리스도께서 너희 안에 계신 줄을 너희가 스스로 알지 못하느냐 그렇지 않으면 너희는 버림받은 자니라"(고후 13:5).

우리는 우리 자신이 예수 그리스도 안에 있는지를 운명론적으로 대처하는 것이 아니라 예정론적으로 시험하고 확증해야 한다. 또한 추상적으로가 아니라 실제적으로 현재 예수 그리스도를 믿는 믿음을 지니고 있는지를 확인하면서 신앙생활을 해야 한다.

### ③ 하나님과 동행

하나님 편에서 하나님의 영원한 구원 계획을 이루어 가실 때, 우리 인간 편에서는 현실에서 가장 기초적으로 우리의 믿음을 예수님께 초점을 맞추고 믿음의 도리를 굳게 지켜야 한다.

> **히브리서 4:14** 그러므로 우리에게 큰 대제사장이 계시니 승천하신 이 곧 하나님의 아들 예수시라 우리가 믿는 도리를 굳게 잡을지어다

우리의 신앙 여정은 우리와 상관없이 하나님이 홀로 행하시도록 하는 것도 아니고, 하나님의 인도하심 없이 우리가 스스로 걸어가는 것도 아니다. 하나님의 계획에 따라 성령님의 인도를 받으면서 말씀을 붙잡고 끊임없이 걸어가는 여정이다.

우리는 하나님의 원칙을 우리의 현실에 적용할 때 인간적 능동태로 스스로 이루어 가는 것이 아니라, 신적 수동태로 성령의 역사하심에 민감하게 반응하면서 적용해 가야 한다.

> **로마서 8:3-4, 14** 율법이 육신으로 말미암아 연약하여 할 수 없는 그것을 하나님은 하시나니 곧 죄로 말미암아 자기 아들을 죄 있

는 육신의 모양으로 보내어 육신에 죄를 정하사 육신을 따르지 않고 그 영을 따라 행하는 우리에게 율법의 요구가 이루어지게 하려 하심이니라…무릇 하나님의 영으로 인도함을 받는 사람은 곧 하나님의 아들이라

우리에게는 하나님의 긍휼을 힘입어 때를 따라 돕는 은혜를 얻기 위해 끊임없이 하나님의 은혜의 자리로 나아가는 것이 필요하다.

**히브리서 4:15-16** 우리에게 있는 대제사장은 우리의 연약함을 동정하지 못하실 이가 아니요 모든 일에 우리와 똑같이 시험을 받으신 이로되 죄는 없으시니라 그러므로 우리는 긍휼하심을 받고 때를 따라 돕는 은혜를 얻기 위하여 은혜의 보좌 앞에 담대히 나아갈 것이니라

우리는 하나님과 관계없이 스스로 행하려는 태도를 내려놓고, 겸손하게 인간의 연약함을 인정하고, 말씀과 성령의 역사하심을 통해 도우시는 하나님의 은혜로운 손길을 붙잡고, 평생 신앙의 길을 걸어가야 한다.

## 이스라엘의 언약과 구원

1판 1쇄 인쇄 _ 2024년 12월 24일
1판 1쇄 발행 _ 2024년 12월 30일

**지은이** _ 이갑동
**펴낸이** _ 이형규
**펴낸곳** _ 쿰란출판사

**주소** _ 서울특별시 종로구 이화장길 6
**편집부** _ 745-1007, 745-1301~2, 743-1300
**영업부** _ 747-1004, FAX 745-8490
**본사평생전화번호** _ 0502-756-1004
**홈페이지** _ http://www.qumran.co.kr
**E-mail** _ qrbooks@daum.net / qrbooks@gmail.com
**한글인터넷주소** _ 쿰란, 쿰란출판사
**페이스북** _ www.facebook.com/qumranpeople
**인스타그램** _ www.instagram.com/qrbooks
**등록** _ 제1-670호(1988.2.27)
**책임교열** _ 최은샘·박은아

ⓒ 이갑동 2024   ISBN 979-11-94464-15-0   93230

책값은 뒤표지에 있습니다.
이 출판물은 저작권법에 의해 보호를 받는 저작물이므로 무단 복제할 수 없습니다.
파본(破本)은 구입처에서 교환해 드립니다.